빈곤의 광경

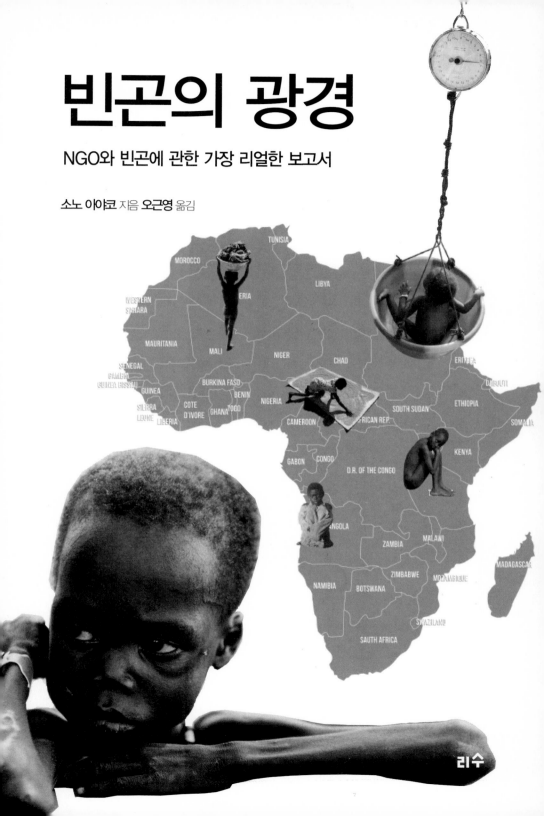

빈곤의 광경

NGO와 빈곤에 관한 가장 리얼한 보고서

소노 아야코 지음 오근영 옮김

리수

생명은 사랑을 먹어야만 생명다워집니다

이번 봄 전세계적으로 몰아친 금융 위기로 인해 여느 때보다 쓸쓸한 마음으로 계절을 맞이하는 여러분이 많으리라 생각합니다. 어려워진 경제 사정으로 살아가기가 더 팍팍해진 탓에 우리의 마음이 더 춥고 어려운 것은 아닐까 생각해봅니다.

소노 아야코의 《빈곤의 광경》 속에는 우리가 끝없이 나누고 또 나누어야만 하는 이유, 저자가 직접 보고 느낀 가슴 아픈 가난한 나라 사람들에 대한 이야기들이 들어 있습니다. 특히 저자인 소노 아야코가 마더 테레사의 시설에 갔을 때의 일을 독자 여러분과 함께 생각해보고 싶습니다.

"내가 캘커타의 마더 테레사가 만든 시설을 방문했을 때, 환자가 오면 먼저 몸을 씻게 하고 깨끗이 빨아놓은 옷을 입히고 음식을 주는 것을 보았습니다. 지역에서 얼마든지 수확할 수 있는 부드럽게 익은 망고 열매가 급식으로 나왔던 것을 기억하고 있어요. 자원봉사자인 북유럽 사람 중에는 노인에게 볼을 비비는 사람도 있었습니다. 보이기 위한 행동이 아니었죠. 아픈 사람은 부드러운 감촉을 느끼면서 조금 전까지의 위기와 괴로움에서 벗어났을 것입니다. 인생에서 하루라도 그런 경험이 있으면 자신의 인생이 마지막까지 쓰레기 같았다고 생각하면서 죽어가지 않아도 되는 것인지 모릅니다."

이 시설의 초기에는 거리에서 데리고 온 사람 중 50%가 다음날 사망했다는 보도도 있었다고 합니다. 그 뉴스를 보고 어떤 사람은 "어차피 죽을 사람을 데리고 와봤자 오래 살지도 못할 텐데 도대체 무슨 소용없는 짓인가?"라고 말했다고 하지만, 바로 이 점이 마더 테레사가 의도한 사업의 목적인 것입니다. 인생에서 단 하루만이라도 존중받고 따뜻함을 느껴보는 것. 생명은 사랑을 먹어야만 비로소 생명인 것입니다.

그렇기 때문에 어렵게 살아가는 사람들의 이야기 속에는 왜 그들이 그렇게 가난할 수밖에 없는지에 대한 안타까움도 있지만, 다시금 왜 지구촌 곳곳을 도와야 하는지, 우리가 그들을 돕지 않을 수 없는 당위성을 깨닫게 합니다. 그 생명과 사랑의 순환에 대한 너무도 소중한 의미가 함께 담겨 있기 때문이지요.

《빈곤의 광경》이 책에는 우리로서는 도저히 상상할 수 없는 빈곤의 현실이 리얼하게 담겨 있습니다. 제도적 절차에 익숙한 우리로서는 쉽게 납득하기 어려운 구호활동의 난제도 공감이 됩니다. 저자의 말처럼 "우리는 빈곤을 모릅니다. 이것이 우리의 정신적 빈곤입니다"라는 말을 실감하게 합니다. 하지만 빈곤에 대해 얼마나 아느냐는 중요치 않을 수도 있습니다. 생명은 사랑을 먹어야만 비로소 생명인 것입니다. 사랑이 먼저입니다.

얼마 전 경영이 어려워진 와중에도 문화와 복지 사업에 사용하는 기금을 줄이지 않기로 결정한 기업에 대한 뉴스를 보았습니다. 그리고 저희 월드비전을 통해 아프리카와 굶주리는 어린이 한 명을 돕고 있는 어떤 후원자는 비록 본인이 근근이 살아가는 형편이지만 후원을 끊기보다는 생활비의 다른 부분을 더 절약하기로 결정했다는 가슴 훈훈한 말씀을 전해주시기도 하셨습니다. 우리가 어렵다 어렵다 말할수록 왠지 우리의 마음도 그만큼 힘들고 어려워집니다. 하지만 이렇게 힘들 때일수록 더 주위를 돌아보고 작은 사랑이라도 나눠보자고 노력할 때, 거기서 우리 사회가 다시 일어날 수 있는 마음의 여지를 찾게 되지 않을까 생각합니다.

생명은 사랑을 먹어야만 생명다워집니다. 생명을 살리는 것은 밥과 물이 아니라 사랑입니다. 우리가 이 책을 읽고 함께 고민하는 그 순간, 우리가 마음을 나누는 순간, 작은 사랑이 도움이 필요한 사람들의 생명에 한 발자국 더 가까이 다가가리라 확신합니다. 사랑을 나눔으로써 사랑이 줄어드는 것이 아니라 더욱 풍요롭게 채워진다는 그 진리를 다시 한번 생각하게 만드는 책이라고 생각합니다.

2009년 6월

월드비전 박종삼 회장

빈곤, 그것은 결코 상상할 수 없었던 모습이었다

　나는 지금까지 여기저기에 발표한 몇몇 에세이를 통해 세상 도처에서 볼 수 있는 빈곤의 모습에 대해 써왔습니다. 지난 20년이 넘는 세월 동안 인도에서 서쪽으로, 중근동에서 아프리카로 갈 일이 수차례 있었지요. 가난이란 돈이나 의식주의 부족만을 뜻하는 것이 아님을 알게 되었습니다. 물, 연료로서의 에너지, 교육, 의료, 유통, 도덕 등에도 가난은 늘 따라다닙니다. 계급 차별도 빈곤의 또 다른 모습이지요.

　나는 빈곤의 구조도 모르고, 빈곤을 구제할 대책도 마련할 수 없습니다. 나는 학자가 적성에 맞지 않고 그런 일을 추구할 기력도 남아 있지 않습니다. 그러나 내가 본 빈곤의 모습을 정리해두는 것은 의미 있는 일이라고 생각했습니다. 왜냐하면 빈곤을 구제하는 방법은 너무나 관념적이어서 가난의 본질에 다가가기 어렵기 때문입니다. 예를 들어 우리는 따뜻한 잠자리에서 깨어나 충분히 먹고, 병이 나면 의료기관을 이용할 수 있으니 빈곤의 현실을 알기 어렵습니다. 인간이란 자신의 인생에서 경험하지 못한 일을 상상하기란 쉽지 않지요. 그렇기 때문에 우리가 극도의 빈곤을 모른다고 해도 그것이 상상력의 빈곤이라 할 수는 없습니다.

나는 도덕적으로 빈곤을 묘사하는 것만은 피하기로 했습니다. 그것은 무례한 짓이기 때문입니다. 그러나 눈앞에서 벌어지고 있는 빈곤을 보면서 쓰지 않는 것도 작가로서 나의 본능에 위배되는 일이라고 생각하게 되었어요.

2005년에 열린 다보스 포럼(지난 71년 미국 하버드대 클라우스 슈바프 교수가 설립했으며, 독립적 비영리 재단 형태로 운영되는 '세계경제포럼 WEF' 의 다른 이름─옮긴이)에서 아프리카의 빈곤을 도와달라는 탄자니아 대통령의 연설을 들은 미국 여배우 샤론 스톤이 "제가 1만 달러를 내겠습니다. 여러분은 어떻습니까?" 라고 호소했더니 5분 만에 100만 달러가 모였다는 이야기가 외신을 타고 전해졌습니다.

탄자니아 대통령은 연설을 통해 특정 재난에 가려져 관심을 끌지 못하는 아프리카의 빈곤을 호소했을 거예요. 인도양에서 발생한 쓰나미에만 관심이 집중되어 지속적으로 존재하는 사하라 남쪽 아프리카의 빈곤에는 세계가 관심을 기울이지 않는다는 안타까운 마음, 불공평하다는 생각, 불안 등을 내보였는지도 모르지요.

나도 전부터 그런 생각을 해왔어요. NGO(non governmental organization, 비정부조직─옮긴이)는 항상 신문이나 뉴스의 기삿거리가 될 만한 재난 지역을 우선적으로 원조하는 측면이 있어요. 빈곤이나 비참은 어디에나 항상 지속적으로 있는 일입니다. 따라서 사람들이 NGO가 어느 한곳을 원조하겠다고 결정하면 굳이 스포트라이트를 받는 쓰나미 지원으로 갈아타지 않아도 될 거라고 생각하지만 아무래도 눈앞의 뉴스에 움직이게 마련이지요.

자기가 맡은 곳을 지속적으로 지원해야 하는 이유는 간단해요. 우리는 전 세계의 가난한 사람들을 전부 구제할 수는 없어요. 수마트라의 쓰나미 피해자를 지원하든 내전으로 상처를 입은 시에라리온의 농촌 사람을 지원하든 우리의 힘은 한계가 있기 때문이지요.

내가 처음으로 세계의 빈곤과 맞닥뜨리게 된 것은, 1983년 신문 소설 취재차 평소 알고 지내던 수녀들이 운영하는 마다가스카르의 조산원에 묵으며 그곳의 실태를 접하면서부터였어요. 당시 그곳 조산원에서는 갓 태어나 첫 호흡이 순조롭지 않은 신생아를 위한 산소 탱크를 단 두 개만 보유하고 있었는데, 산소가 떨어지면 재충전이 불투명했고 입원 환자들의 시트를 세탁할 비누도 없었죠. 게다가 신생아에게 먹이는 분유도 국내에서는 생산되지 않았기 때문에 모두 수입에 의존했고, 따라서 값비싼 분유를 살 수 있는 건 부유층뿐이었습니다.

나는 그곳에서 묵을 때 일본인 수녀에게 끔찍한 이야기를 들었어요. 그녀가 일하는 안티라베는 수도에서 170킬로미터 떨어진 지방 도시인데, 최고로 설비가 잘 되어 있다는 그곳 아베마리아조산원에서조차 당시 미숙아를 넣을 인큐베이터가 두 대밖에 없다고 했어요. 한 인큐베이터 안에 두 명의 아기가 들어가는 날도 빈번했대요. 그중 한 대는 온도 조절기가 제대로 작동하지 않았는데, 어느 날 야근을 하던 젊은 아가씨(자격증이 없는 보조원)가 지나가다가 우연히 이상을 알아챘기에 망정이지 안 그랬으면 아기들이 고온 때문에 '통구이(!)'가 될 뻔했다는 거예요. 이 고장 난 인큐베이터의 이용료는 당시 시세로 하루에 1달러 정도였는데 그 비용조차 낼 수 없는 가정에서는 갓난아기의 목숨을 건지지 못하는 실정이었습니다.

남편은 옛날부터 내게 "남에게 좋게 보이거나 훌륭하게 보이려고 일하는 것은 좋지 않으니 피하는 게 좋아."라는 말을 입버릇처럼 했지요. 그래서 NGO 활동을 한다는 것이 조금 부끄럽기도 했는데, 마다가스카르에 다녀와서 1달러의 입원비가 없어 아기의 생명을 포기해야 하는 부모들에 대해 이야기하자 나의 지인이나 친구들이 다들 용돈에서 조금씩 기부를 해주기 시작했습니다.

"1000엔이면 인큐베이터를 8일 동안 이용할 수 있지. 그걸로 한 아기의 생명을 구할 수 있어."

돈이 모이고 나니 감히 허투루 사용할 수가 없었어요. 나는 한참을 망설인 끝에 해외일본인선교활동원조후원회(JOMAS)라는 작은 조직을 만들어 모금한 돈을 확실하게 전달하는 방법을 찾기로 했습니다.

나는 그 무렵 돈을 해외의 관련 조직을 통해 전하면 반드시 돈의 일부를 (그것도 꽤 많은 돈을) 도둑맞는다는, 다시 말해 다른 누군가의 주머니로 들어간다는 사실을 알게 되었어요. 돈의 손실을 막으려면 해외에서 일하는 일본인 신부나 수녀에게 맡기고 그들의 감시 아래 사용하게 하는 방법밖에 없었죠.

일본인 신부와 수녀들이 꼭 하고 싶은 일이 생기면 우리 해외일본인선교활동원조후원회에서 필요한 돈을 지불하기로 했어요. 또 우리가 보낸 돈을 현지 주교 등을 통하지 않고 신부와 수녀들이 직접 지불하게 했으며, 그들이 사업을 시행한 지역에 거주하면서 고장 등의 사후 관리도 반드시 책임을 갖고 해준다는 것이 조건이었습니다.

우리는 얼마 지나지 않아 일본산 인큐베이터를 마다가스카르에 기증하기로 했습니다. 무거운 물건은 운송비를 절약하기 위해 배편으로 보내는 것이 상식이지만 나는 항공편을 이용하겠다고 주장했어요. 배에 실어 수도에서 가장 가까운 항구로 보내면 조산원까지 약 350킬로미터만 옮겨가면 되지만, 항구에서 어마어마한 관세를 부과하거나 최악의 경우는 어딘가에서 '인큐베이터가 사라질' 수도 있기 때문이었습니다.

우리는 이 '사라진다'는 형태의 절도를 잘 이해할 수 없습니다. 물론 도둑이 누군가에게 팔 테고 보석이나 골동품이 아니기 때문에 어디로 빼돌리든 인큐베이터 정도는 즉각 꼬리가 잡힐 테지만, 도둑맞은 물건의 소재를 알아도 경찰은 찾아내려는 의욕이 없고, 발견해도 '돈을 내면 도둑맞은 물건을 찾아주겠다'며 흥정을 하는 나라도 있으니까요.

근대적인 경찰 조직이 제대로 기능하는 나라는 선진국과 일부 중진국뿐이고 (미국에서도 그렇지 못한 상황을 영화에서 많이 보지만) 가난한 국가의 경찰은 월급만으로는 가족을 부양할 수 없기 때문에 어딘가에서 불법 아르바이트, 다시 말해 부정을 저지릅니다. 최근에 뉴스에서 들으니 남미 볼리비아 경찰의 월급이 10달러라고 하는데, 이 돈으로는 도저히 적게는 6명 많게는 10명이나 되는 식구들이 먹고살 수가 없거든요. 어디선가 부정 행위를 하지 않으면 굶어죽는 구조인 셈이죠.

마다가스카르행 인큐베이터는 관계자의 도움을 받아가며 무사히 항공편과 육로를 거쳐 안티라베 조산원에 도착했습니다. 그곳에서는 작은 축제 같은 소동이 벌어졌던 모양이에요. 지역 명사들을 부르고 주교가 와서 인큐베이터에 축성(祝聖)을 했답니다. 고작 인큐베이터 하나가 이렇게 엄청난 주목을 받고 큰 기쁨을 주었던 거지요. 엄마와 아이들이 축제를 위해 연습한 춤을 선보이려고 나들이옷을 입고 왔다는 소식에 부끄러워질 정도였어요. 그러나 내가 감동한 것은 그런 축하 행사의 이면에서 일어난 하나의 에피소드였습니다.

이 조산원에 청소, 빨래, 부엌일을 해주는 여성이 한 명 있다는 것은 취재 당시 나도 알고 있었어요. 홀몸으로 몇 명의 자녀를 키운다고 들었습니다. 그녀가 수녀들을 찾아와 인큐베이터를 담아온 상자를 어떻게 할 거냐고 끈질기게 묻더래요. 수녀는 '필요하면 당신에게 주겠다'고 약속했는데 이런저런 행사 준비에 쫓겨 약속을 지키지 못했나봐요. 수녀 입장에서는 상자 안에 교체용 작은 부품이라도 들어 있을지 모르니까 바쁜 상황이 수습되고 조용해지면 천천히 점검하고 주려고 했던 모양이에요.

그러나 그 여성은 상자가 다른 사람에게 돌아갈까봐 어지간히 조바심을 냈던가봐요. 수녀는 뒤늦게야 이 튼튼한 일본산 종이 상자를 대체 무엇에 쓰려는 걸까 하는 궁금증이 들었습니다. 사람은 상대에게 질문을 할 때는 반드시 그 대답을 어느 정도 자기 안에서 준비해놓곤 하지요. 수녀도 그랬을 것이고 나도 마찬가지에요. 무슨 문제가 있으면 가정 방문도 하는 수녀들이니까 현지의 가난한 생활이라면 너무도 잘 알지요. 제대로 된 가구라고는 없는 집이니 남루한 옷일망정 아이들의 티셔츠나 바지 따위를 넣어두는 데 쓰려나 싶어 물었는데 대답은 의외였습니다. 그녀는 그 상자를 쫙 펴서 자고 있는 아이들 위로 가차없이 쏟아지는 비를 막아주고 싶다고 했어요.

비가 줄줄 새는 정도가 아니라 개발도상국 사람들은 제대로 비를 막을 수 없는 집, 말하자면 때로는 동물처럼 비를 맞으며 자는 경우도 있지요. 내가 이런 이야기를 했더니 그곳은 열대 지방이라 춥지 않으니 그럴 수 있을 거라고 어떤 사람은 말했어요. 그러나 마다가스카르의 가을과 겨울 날씨는 제법 쌀쌀하거든요. 비를 맞으며 자는 게 절대 기분 좋은 기후는 아닙니다.

나는 조산원에 묵으며 취재를 할 때 이 집 아이들에게 과자를 사주자고 말한 적이 있어요. 무슨 과자가 좋을지 몰랐지만 과자점에 가서 맛있어 보이는 걸로 조금 사주면 되겠거니 하고 편하게 생각했죠. 그러나 너무나 가난해서 과자 맛을 전혀 모르는 아이를 만난 적이 있어요. 사탕을 줘도 포장지 벗기는 법을 모르는 아이도 드물지 않죠. 사탕 같은 건 먹어본 적이 없기 때문에 바깥 포장지는 먹을 수 없다는 것도, 종이는 어떻게 벗기는 건지도 잘 모릅니다. 그리고 사탕을 입에 넣은 아이들 중에는 빨던 사탕을 도로 꺼내 주머니에 넣는 아이도 있었는데, 맛있는 사탕을 혼자 먹을 수 없어서 동생들에게 주려는 것이었어요. 어디든 과자를 받고도 입에 넣지 않는 아이들이 있어서 나는 자주 놀라곤 했습니다. 비스킷 같은 것은 손바닥 안에서 가루가 되도록 꼭 쥐고 있었는데, 집에 돌아가서 어머니와 형제들에게 보이고 나눠 먹기 위해서였어요.

결국 나는 이 가난한 집의 남매에게 프랑스빵 여섯 개를 사주었어요. 과자 맛은 잘 몰라도 프랑스빵은 아주 좋아한다고 했기 때문입니다. 그 여섯 개의 빵을 장작처럼 안고 허둥지둥 돌아가던 남매의 모습이 지금도 눈에 선합니다.

나는 브라질 시골 마을에서도 찢어지게 가난한 실업자 가족을 만난 적이 있습니다. 부부는 두 사람 모두 재혼이었고 아이는 셋, 부인의 배 속에는 또 한 아이가 자라고 있었지요. 어떻게 생활을 꾸려가느냐고 묻자 그들을 보살피던 일본인 수녀가 진지한 얼굴로 "지인들과 주위 사람들의 도움으로 살아갑니다."라고 했어요. 주위 사람들도 가난하기는 마찬가지였습니다. 그곳에도 부자는 있을 테지만 부유한 사람일수록 가난한 사람에게 인색한 법이죠.

아이들은 수녀들이 보살피는 유치원과 학교에 다녔습니다. 아마 수업료를 낼 형편이 안 되는 학생들이었을 거예요. 가난한 계층이 있는 사회의 사립학교에서는 월 수업료가 정해져 있지 않은 것 같았습니다. 부자한테는 정해진 수업료 전액을 받고, 어떤 가정은 반액, 다른 집은 10퍼센트, 극도로 가난한 집이면 한 푼도 받지 않는 거지요. 그것이 수녀들의 자선입니다. 그래서 수녀들은 일본의 매스컴 등에서 "수녀님의 학교는 수업료가 얼마입니까?" 하고 누가 물을 때마다 머뭇거리곤 한답니다.

그 가난한 가족이 사는 집은 갈라진 판자를 덕지덕지 댄 오두막이었습니다. 안에서는 갈라진 판자 사이로 바깥 경치가 보일 지경이었지요. 판자 하나로 벽을 마주한 옆집에는 머리가 벗겨지고 능글맞은 얼굴의 젊은 독신 남자가 살고 있었어요. 게다가 공동 화장실은 이 독신자의 집 옆에 있었는데, 밤에 화장실에 갈 때마다 이 남자를 의식하면서 몸을 드러내는 것이 얼마나 끔찍할까 하는 생각도 들었답니다.

이 오두막 앞에는 새끼를 네 마리 낳은 어미개가 누워 있었습니다. 어미개는 뼈가 훤히 드러날 정도로 야위었는데 강아지들은 기를 쓰고 어미 배 밑으로 파고들어 젖을 물고 놓지 않는 거예요.

"이 집에서 키우는 개입니다."

수녀의 말을 듣고 나는 귀를 의심했어요. 식구들 먹을 것도 없는 사람들이 어떻게 개를 키운단 말인가요. 내가 그 점을 묻자 수녀가 대답했습니다.

"개한테는 아무것도 주지 않아요. 개가 마을을 돌아다니면서 먹이를 구해요."

그런데도 개는 '먹이도 주지 않는 주인'의 오두막 앞 공간을 자기들 집으로 여기는 것 같았습니다. 그리고 나는 그때 이 가족에게 개가 얼마나 필요한 존재인지를 다른 면에서 절실하게 느낄 수 있었습니다. 아이들은 그야말로 장난감이라곤 무엇 하나 가진 게 없었거든요. 맨발에다 제 몸에 맞지도 않는 커다란 셔츠가(물론 그것도 헌옷을 얻어 입었을 것이고) 한쪽 어깨에서 흘러내려도 아랑곳하지 않았습니다. 유일한 장난감은 강아지들이었어요. 살아 움직이는 이 강아지들이야말로 아이들에게 최고의 장난감이었던 거죠. 더구나 밤에는 강아지들이 필수품이 되었습니다. 변변한 이불도 없는 집에서는 아이들이 제각기 강아지 한 마리씩을 껴안고 자면 그 온기가 훨씬 달랐을 테니까요.

지금 생각하니 이 집 아이들도 네 명이 아니었나 싶어요. 강아지가 네 마리니까 아이도 네 명, 그렇게 끼워맞춰 생각하고 싶었습니다.

차례

추천의글 생명은 사랑을 먹어야만 생명다워집니다 5

프롤로그 빈곤, 그것은 결코 상상할 수 없었던 모습이었다 9

1부 빈곤의 진실

인권도 상식도 무색하게 만드는 '기아' 23
········빵 대신 케이크를 먹으면 된다고 말한 마리 앙트와네트처럼
　　　우리가 생각하는 빈곤에는 어떤 한계가 있을까요?

그들만의 생존 공식 33
········아프리카에는 기아로 인해 고아가 많다고 하는데,
　　　약자들은 어떻게 살아가나요?

가난이란 자연에 항거할 수 없는 삶 40
········아프리카는 뜨거운데 왜 두꺼운 옷을 입고 있나요?

빈곤의 정도는 거처의 형태로도 알 수 있다 50
········빈민굴 안에서도 가장 가난한 집은 어떻게 생겼나요?

교육의 부재, 개념의 부재에서 비롯된 난제들 59
········지도도 시계도 없는데 소통이 가능한가요?

훔치는 게 아니라 조금 사용한다는 생각 67
········빈곤이 만들어낸 몰염치일까요? 그들만의 연대의식일까요?

아이들이 에이즈에 감염되는 이유 74
········모유 수유가 위험하다면, 분유를 먹이면 되잖아요.

아이들이 학교에 갈 수 없는 이유 85
········아이들이 돈을 벌여야 하는 일 외에 어떤 이유들이 있나요?

2부 빈곤 속 뿌리 깊은 모순

피부색에 의해 고착화된 가난과 차별 97
·········인종에 따른 현실의 차이는 어느 정도인가요?

알려지지 않은 빈곤을 찾아서 106
·········구호 활동의 세계에도 유행이 있다면서요?

아프리카의 진실 하나, 흑인 차별 117
·········흑인이 더 많은데 어떻게 차별 대우를 당하나요?

상상을 초월하는 도둑질 125
·········돕기 위해 모금한 돈도 훔쳐가나요?

빈곤국은 왜 발전하지 않을까 135
·········가난한 나라도 노동력은 풍부한데, 왜 가난이 개선되지 않나요?

아프리카 정신력의 한계 142
·········아프리카에도 인재들이 있을 텐데, 왜 사람들을 이끌지 못하나요?

권력자에 의해 가로채어지는 돈 149
·········아프리카 빈곤국을 원조하는 데 가장 큰 애로 사항은 무엇인가요?

기부금 전달의 어려움 157
·········우리가 기부를 하면 어려운 이들에게 바로 전달되는 게 아닌가요?

에필로그 내가 빈곤의 땅을 가는 이유 167

1부

빈곤의 진실

인권도 상식도 무색하게 만드는 '기아'

빵 대신 케이크를 먹으면 된다고 말한 마리 앙트와네트처럼
우리가 생각하는 빈곤에는 어떤 한계가 있을까요?

먹을 것이 없다고 말하는 사람들의 절실한 상황에 대해 우리는 거의 무지하다고 봅니다. 먼저 빈곤의 정의를 내려볼게요. '빈곤이란 그날 당장 먹을 끼니가 없는 상태'를 의미합니다.

우리는 일시적인 공복에 대해서는 잘 알고 있어요. 식사를 제대로 하지 못했거나 레스토랑에서 주문한 음식이 좀처럼 나오지 않을 때 느끼는 배고픈 초조감 말이죠. 그러나 이 경우는 조금만 기다리면 식사를 할 수 있다는 안도감이 반드시 우리의 의식에 깔려 있지요.

그러나 빈곤에서 오는 기아는 최소한의 기대조차 가질 수 없는 걸 의미합니다. 애초에 모아놓은 재산이 있을 리 없고 국가의 지원금이나 물품이 부족하기 때문에 내일까지 기다리면 어딘가로부터 식료품이 들어온다거나 생활 보호를 받을 수 있다는 기대도 할 수 없습니다. 마을 전체나 친척 할 것 없이 근근히 살아가는 사회도 있어요.

공복과 기아는 전혀 달라요. 공복은 일반적인 상황이지만 기아는 사회·경제적 그리고 지속적인 상황입니다. 한마디로 지역 전체에 먹을 것이 없는 상태를 의미합니다. 어제도 없었고 내일도 아마 없을 겁니다. 기아는 지역 전체가 빈사 상태의 질환을 겪는 상황이에요. 중앙정부도 지방자치단체도 (그런 것이 명칭 이상으로 실체를 갖는지는 의문이지만) 분명 이러한 기아를 구제할 방법을 갖고 있지 않습니다. 돈도 물품도 조직력도 아무것도 갖지 않은 지자체와 관리들이지요.

당사자 스스로 기아를 구제하려면 세 가지 방법밖에 없습니다. 주린 배를 안고 물이라도 마시고 자든가, 아니면 구걸을 하든가, 그것도 아니면 도둑질을 하든가. 거지에게는 만국 공통(?)의 사인이 있어요. 자기 입에 손을 대고 그것을 상대를 향해 내미는 거죠. 그 행동을 우리가 흉내 내면 전혀 비참한 느낌이 들지 않겠지만 그들에겐 절실합니다. 세계의 많은 지역에서 구걸은 생업입니다.

여기에 '어린이의 인권'이라는 발상은 우스워집니다. 어린이의 인권이란 상식인 것 같지만 실체가 없는 단어이기도 합니다. 어린이를 아끼고 그 아이의 행복을 먼저 생각한다, 남의 아이라도 그 존재에 대해 배려한다, 이런 거지요. 그러나 내가 다녀온 세계 여러 나라에선 어린이의 인권 따위는 '허공에 뜬 단어'에 불과합니다.

어린이의 인권을 말하는 사람에게 몇 가지 소박한 질문을 한 적이 있습니다.

"누가 어린이의 인권을 지킵니까?"

"물론 부모입니다."

"그 부모가 먹을 것도 줄 수 없고 학교에도 보낼 수 없다면요?"

그들이 살고 있는 곳은 학교까지 10킬로미터나 떨어져 있어도 노선 버스가 없어서 걸어가는 것 외에는 방법이 없어요. 자전거 따위와도 전혀 인연이 없는 경제 상황에 놓인 사람들입니다.

"부모가 할 수 없으면 사회에서 해야 합니다."

"사회가 전혀 여유가 없으면?"

"정부가 해야 합니다."

"정부가 의무 교육도 할 수 없고 빈곤 구제를 위한 어떤 예산도 갖고 있지 않다면?"

상대는 대답하지 못했습니다. 그런 사태를 상정하는 나를 상식이 없다고 여겼는지도 모르죠. 1990년 9월 2일에 발효된 '아동의 권리에 관한 조약' 전문을 보면 분명히 다음과 같은 문장이 있습니다.

"아동은 완전하고도 조화를 갖춘 인격 발달을 위해 행복하고 애정과 이해가 있는 가정에서 성장해야 한다. 따라서 아동이 사회에서 한 개인으로 생활할 수 있도록 충분한 준비를 갖춰야 한다. 또한 유엔에서 발표한 이상적인 정신, 특히 평화 · 존엄 · 관용 · 자유 · 평등 및 연대 의식에 따라 자랄 수 있도록 고려한다."

모름지기 이상은 높이 가져야 한다지만 이 내용은 현실과 너무 동떨어져 있기 때문에 읽은 후에는 침묵하거나 깊은 절망에 빠질 수밖에 없습니다. 빈곤 지대에서는 특히 평화, 존엄, 자유, 평등이라는 개념의 편린조차 없으니까요. 이런 말을 들은 적도 있습니다.

"아프리카에는 태어나서 지금까지 평화를 한 번도 경험한 적이 없는 사람이 있습니다. 그러므로 평화란 어떤 것인지를 상상할 수도 없습니다. 사람은 자신이 보지도 못한 것을 소망할 수는 없습니다."

거의 동물처럼 오두막에서 잠자는 사람들이 과연 존엄성을 알고 있을까요? 그들은 자유도 없습니다. 이동 수단이 없기 때문에 이웃 마을에도 거의 가지 못합니다. 볼일이 있으면 10킬로미터든 20킬로미터든 걸어갈 다리는 있지만 10킬로미터, 20킬로미터를 가도 그곳에 다른 마을이나 친척의 집이 있는 것도 아니고 오로지 끝없는 황야라면 아무도 그런 거리를 걸어가지는 않을 것입니다. 이동조차 자유롭지 않은 사람에게 교육이나 여행, 주거의 자유 따위를 설명할 수는 없는 노릇이지요.

얼마 전 남인도에서 본 불가촉천민(달리트) 가족은 세 평 정도의 방에서 여덟 식구가 이리저리 몸을 겹쳐 자고 있었습니다. 그러나 특별히 불행해 보이지는 않았습니다. 카스트 제도의 최하위에도 속하지 못하는 불가촉천민은 그들이 불가촉천민임을 자타가 공인하는 곳에서 살고 있습니다. 좋고 나쁘고가 아니에요. 그것이 생의 현실이지요. 상류 계급은 불가촉천민의 사회적인 인권 향상 따위는 바라지도 않는다고, 인도인들은 말합니다. 불가촉천민이 지금처럼 저임금 노동력으로 존재하는 것이야말로 자신들의 번영과 안락으로 이어지기 때문이지요. 물론 극히 소수의 인도적인 사람들이 없는 건 아니지만 그들이 현실 사회 안에서 개혁의 힘까지는 발휘하지 못합니다. 여기서 평등이라는 것은 단어로는 존재하지만 현실적으로는 도저히 있을 수 없는 개념이랍니다.

제3의 해결법 '도둑질'은 물질(빵이나 돈)의 가장 빠른 이동 방법입니다. 허가도 인가도 필요 없죠. 누구의 물건이든 상관없어요. 정말로 오늘 당장 먹을 끼니조차 없는 사람들을 생각하면 나로서는 도둑질이 매우 나쁜 짓이라고 정면으로 주장하기가 힘들어집니다.

공복은 일시적인 상태이므로 먹으면 바로 해결되지만 기아는 뿌리가 깊습니다. 기아는 두 가지 형태가 있습니다. 하나는 칼로리 부족 증상인 '머래즈머스(marasmus)' 예요. 빼빼 말라 관절이 툭 튀어나오고 뼈 위에 피부를 씌운 상태가 되지요. 다시 말해 해골이 살아서 걸어다니는 느낌입니다. 어린

아이도 볼이 쑥 들어가고 눈만 큰 노인 같은 생김새가 되요. 우리가 아우슈비츠 포로 수용소에서 본 그 모습이지요.

그에 비해 단백질 부족에 의한 기아가 있습니다. 이 유형의 영양실조는 한동안 살이 통통한 것처럼 보이는 시기가 있어요. 배는 튀어나오고 팔도 통통 부어요. 그런 아이들을 처음 봤을 때 통통하다고 생각했는데, 사실은 이미 온몸에 부종이 퍼져서 심장 기능에도 문제가 있고, 언제 죽음이 찾아올지 모르는 상태였던 거죠. 이것은 크와시오코르(kwashiorkor)*라는 증상인데, 또 하나의 특징은 인종에 상관없이 머리카락이 금발로 변한다는 점입니다.

머래즈머스 상태의 아이는 영양분을 보충해주면 회복되지만, 크와시오코르 상태인 아이에게 단백질을 보충한다는 것은 가난한 사회에서는 너무나 어려운 일입니다. 한때 세계은행 등이 대대적으로 시골 마을에 중장비를 보내 논을 만들어준 적이 있습니다. 세월이 흘러 그 당시의 중장비가 모조리 망가진 채 코끼리 무덤이 아닌 '고질라의 무덤'처럼 방치되어 있고, 논도 더이상 경작이 이루어지지 않는 광경을 자주 보게 되었죠. 그러나 거기서 아이들이 작은 물고기를 잡는 모습을 보니 그나마 안심이 되었습니다. 작은 물고기를 주식으로 먹는 수프에 넣는다고 하니 단백질 보충에 조금은 도움이 될 것 같아서요.

나는 지금까지 이루 헤아릴 수 없을 만큼 자주 들판이나 사막, 공터에서 식사를 했는데, 그때마다 당혹스러웠던 것은 사람들에게 에워싸이는 일이었습니다. 마을에서 많이 떨어진 곳이라서 아무도 보지 않을 거라 생각하고 음식을 펼쳐놓으면 얼마 후 반드시 누군가가 발견하고 다가와요. 그리고 물끄러미 우리가 식사하는 모습을 보는 겁니다.

* 아프리카의 소아영양실조증, 아프리카어로 '붉은 몸'이라는 뜻.

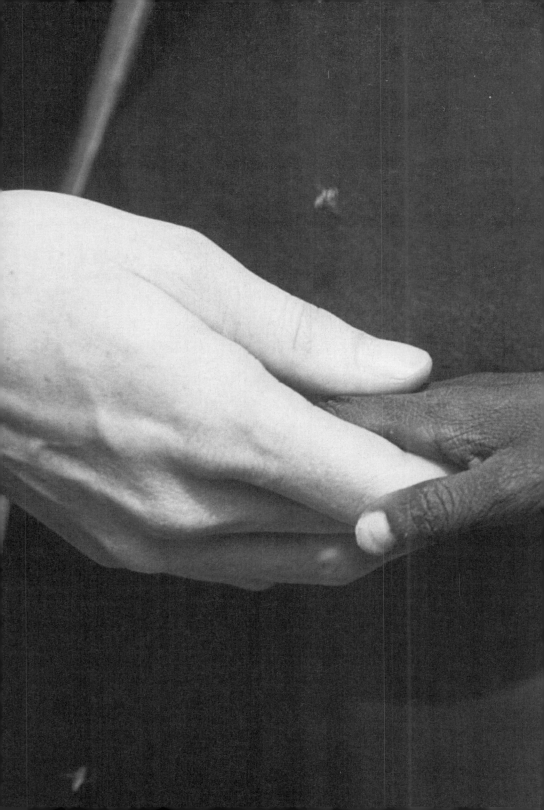

그들이 바라는 것이 우리가 먹다 남긴 음식이라는 건 잘 알지만 처음에 나는 먹다 남긴 것을 남에게 주는 것은 대단한 실례라고 생각했지요. 그러나 그렇지 않았어요. 거의 뼈만 남은 닭다리라도, 주스가 아주 조금 남아 있는 깡통이라도 그들은 빼앗듯이 가져가죠. 나이 든 여자와 소년이 있을 경우 나이가 들었다고 해서 양보하는 일은 없습니다. 힘의 세계죠.

아프리카의 어느 마을에서는 산양 한 마리를 통째로 요리한 식사를 대접받았는데(이건 엄청난 대접임), 음식을 남기면 실례라는 생각이 착각임을 잠시 후에 깨닫게 되었답니다. 음식을 조금만 먹고 가능하면 남겨서 밖에서 기다리는 사람들에게 돌아가도록 하는 것이 자연스럽고 좋은 일이랍니다.

기아에 허덕이는 지역이 아니라도 아프리카의 파티에서는 사람들이 묵묵히 먹기만 합니다. 대화를 나누지도 않고 진지하게 먹기만 해요. 그래서 파티 음식은 눈 깜짝할 사이에 없어집니다. 남자들은 고깃점을 포장도 하지 않은 채 주머니에 넣어 가지고 가는데, 가족을 위해서입니다. 옷이 지저분해지거나 음식에 먼지가 묻으면 어쩌나 하는 걱정은 전혀 하지 않아요.

다행이라고 할지 안쓰럽다고 할지 기아 상태의 아이들은 그다지 공복을 호소하지 않습니다. 이것은 예상 밖의 일이었어요. 일본의 NGO가 그들에게 죽 상태의 음식을 주는 광경을 종종 보게 되는데, 그들은 접시나 컵을 든 자신의 손을 말없이 바라보거나 우리를 쳐다봐요. 어찌 보면, 나는 별로 먹고 싶지 않지만 음식을 준다니 받겠다는 표정입니다.

에티오피아에서 들은 가장 마음 아픈 이야기는 사지가 젓가락처럼 야윈 아이에게 간호사가 "조금만 기다려. 금방 먹을 걸 줄게."라고 말하자 그 아이는 "먹을 건 필요 없으니 담요를 주세요."라고 대답했다는 겁니다. 임종이 가까웠기 때문일 것입니다. 소화 능력은 진작에 퇴화되었고 겨우 남아 있는 꺼져가는 불씨 같은 생명이 괴로웠을 거라는 생각밖에는 들지 않았습니다.

이러한 기아 난민을 선진국들이 마냥 방치해두는 건 아닙니다. 선진국에서는 수마트라에서 일어난 바다 위의 지진이나 그보다 앞서 인도양에서 발생한 쓰나미로 피해를 입은 사람들에게 물자를 보내려고 했어요. 그러나 거기에는 몇 가지 걸림돌이 가로막혀 있었습니다. 길이 파괴되고 다리가 끊기고 전화 연결도 되지 않았지요. 그런 어려움 외에도 물자를 운송하는 도중에 도난을 당하거나 강탈을 당할 수도 있습니다.

강탈하는 사람들은 대개의 경우 같은 나라 사람들이랍니다. 또 다른 문제는 보낸(기증한) 물자에 막대한 관세를 부과하는 겁니다. 비합법적 도둑과 합법적 도둑의 차이이기는 하지만, 우리 입장에서 보면 자기 나라 사람들을 위한 물자를 훔친다는 게 말이 되냐고 소리치고 싶어집니다.

마다가스카르에서는 한때 자국에서 유아용 분유를 생산하지 않았기 때문에 모두 수입에 의존했었어요. 그래서 가난한 사람들은 비싼 분유를 도저히 살 수가 없었죠. 게다가 아기 엄마는 태어난 아이가 10개월 정도 되면 다시 임신을 하기 때문에 젖이 나오지 않아요. 엄마들은 어쩔 수 없이 아기에게 연유를 사서 먹이는데, 이것은 영양이 편중되어 있어서 아기가 먹으면 금방 건강이 나빠집니다. 혹은 할머니가 옥수수 가루 따위를 반죽한 것을 먹이는데 이것도 설사를 일으키죠.

보다 못한 미국 외 몇 나라의 민간 조직이 영양실조에 걸린 아기들에게 분유를 지급하기 시작했습니다. 그러나 그 관리도 만만치 않았어요. 우선 분유를 받으러 오는 아기의 부모는 분유를 넣을 자루나 그릇이 없습니다. 그래서 아기의 아버지는 구멍이 뚫린 밀짚모자에다 분유를 받는데, 그러면 그가 걸어간 길을 따라 그 귀중한 분유가 군데군데 떨어져 있곤 합니다. '가난한 집 자루일수록 구멍이 크다'라는 속담은 당시 내가 만들었지요.

수녀들은 2주에 한 번 부모들에게 아기를 데려오게 하여 몸무게를 잽니다. 몸무게가 순조롭게 늘어나면 그나마 괜찮습니다. 이렇다 할 이유(감기에 걸렸다거나 설사를 했다거나)도 없이 몸무게가 늘지 않으면 원조 기관은 놀랍게도 분유 지급을 중지한답니다. 이런 경우 원조 기관은 부모들이 받아간 분유를 한 숟가락에 얼마를 받고 시장에 내다 팔아서 그 돈으로 다른 형제들을 먹인다고 단정하거든요. 그래서 지급을 끊는 강경 수단으로 부모들에게 경고를 하는 것입니다.

볼리비아의 시골에서 우리 NGO는 한 초등학교에서 아이들을 위해 직접 급식을 만들어준 적이 있어요. 이것은 아이들을 학교에 오게 하기 위한 미끼이기도 합니다. 아이들의 집에는 먹을 것이 없기 때문에 공복인 상태로 학교에 오면 수업 시간에 도통 공부가 되지 않거든요.

그런데 학교에서 급식을 준다는 것은 그야말로 큰 매력입니다. 매력이라기보다 더없이 좋은 미끼지요. 부모들도 급식을 먹으면 아이의 식사가 대충 해결된다고 생각하니까요. 사실 급식만으로도 아이들의 단백질 섭취량이 늘어나기 때문에 지능도 높아져요. 더구나 급식을 주는 학교에 부임하면 식사를 할 수 있다는 이유만으로도 좋은 교사가 모여든답니다.

나도 스폰서로서 그 급식을 먹어보았어요. 고기와 야채와 밥을 합치면 대략 한 사람 분량을 50엔 정도면 만들 수 있어요. 식기는 모두 각자 가지고 옵니다. 어느 날 한 아이가 음식을 담은 접시를 소중하게 들고 넘치지 않도록 조심하면서 교정을 가로질러 반대쪽 숲 속으로 가는 게 보였어요. 그곳에는 비슷한 또래의 세 소년이 불안한 모습으로 서 있었죠. 교사에게 물어보았더니 그중 두 아이는 형과 동생, 또 한 아이는 친구라고 했어요. 소년은 자신이 받은 급식을 매일 식구나 친구에게 나눠주어 그들을 먹여 살리고 있었던 겁니다. 가난한 나라에는 도처에 어린 가장이 있어서 내 마음에 깊은 감동과 안타까움을 주었답니다.

그들만의 생존 공식

아프리카에는 기아로 인해 고아가 많다고 하는데, 약자들은 어떻게 살아가나요?

　'아프리카에는 고아가 없다'는 말을 나는 아프리카에 있는 동안 자주 들었습니다. 확실히 아프리카에서는 가족이나 친척 간의 유대가 깊어요. 아니, 아프리카뿐만이 아닙니다. 개인주의를 당연하게 여기는 선진국 이외의 나라에서는 모두들 친척이나 같은 부족 간의 유대를 믿고 살아가기 때문에 고아가 외롭거나 공공시설로 보내지는 일은 없을 것이라고, 처음에 나는 단순하게 생각했답니다.

　아프리카에서 고아가 발생할 비율은 일본보다 분명 높습니다. 나도 아직 그 이유를 제대로 이해하지 못하지만, 아프리카에는 아버지가 없는 가정이 많아요. 물론 생물학적 아버지가 없는 아이는 없겠지만 아이의 어머니에게 남편에 대해 물어도 확실한 대답을 못하는 경우가 많습니다. 다시 말해 나는 우리의 상식대로 '남편이 죽었습니다' '이혼했습니다' '농민입니다' '원래는 목수였는데 지금은 실업자입니다' 등의 대답을 기대했는데, 그런 유형의 대답은 거의 들은 적이 없습니다. 처음부터 아이의 법적인 아버지가 없었다

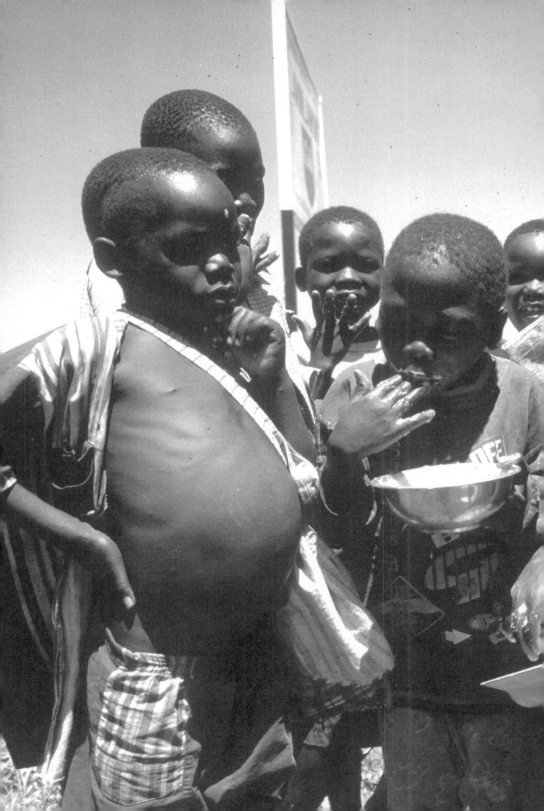

는 식이죠. 아이들의 아버지가 각각 다른 경우도 있다고, 일본인 수녀에게서 들은 적도 있어요. 남편의 행방을 알 수 없는 이유로는 '돈 벌러 간 곳에서 여자가 생겨 소식 두절'인 경우도 있습니다. 물론 그 남편도 처음 얼마 동안은 아내나 아이에게 마음을 썼을 테죠. 하지만 돈벌이를 하러 간 외지에서 제대로 된 일을 찾지 못하면 고향의 처자에게 연락을 하기도 어려워집니다. 그나마 편지를 주고받기라도 한다면 부부의 심리적 유대가 지속되겠지만, 두 사람 모두 글을 모른다면 그것도 불가능한 일입니다. 결국 부부 간 연락은 자연히 끊기고 남편은 '사라진' 상태가 됩니다. 그렇게 남겨진 모자가정에서 어머니가 죽으면 아이들은 당장 고아가 되는 겁니다.

그 외에도 고아가 될 요소는 많습니다. 고아가 된 아이는 반드시 누군가의 가정으로 보내집니다. 그러나 그 집도 가난할 텐데 어떻게 아이를 맡을 수 있을까요? 아프리카 사람들은 우리보다 훨씬 더 인정이 많은 걸까요? 일본인 같으면 자신이 떠맡은 아이에게 따로 큰돈을 들이진 않더라도 식비가 2만 엔 정도 늘고, 아이에게 내줄 방이 없다는 것만으로도 샐러리맨 가정에서는 심각한 문제가 됩니다.

아프리카 사람들이 식사하는 모습을 보다가 나는 그 열쇠를 발견했습니다. 아프리카의 대부분 지방에서는 식사를 할 때 둥그렇고 커다란 쟁반에 하나 가득 한 가족이 먹을 만큼의 음식을 만듭니다. 대부분은 주식인 곡류에 반찬이 되는 소스를 끼얹은 음식이에요. 예를 들면 마뇩(Manioc)* 빵에다가 옥수수 가루를 뜨거운 물에 개어서 마뇩 잎을 끓여 넣은 소스를 끼얹어 먹습니다.

그 음식을 각자 자기 그릇에 담아 먹지 않고 다 같이 손으로 집어 먹습니

* 남미의 관목 뿌리에서 전분을 채취해서 타피오카를 만드는 식물.

다. 남자들이 먼저 먹고 나머지를 여자아이들이 먹는 지역도 있지만 남자와 여자가 함께 먹는 광경을 본 적도 있어요. 어쨌거나 밥 먹을 식구가 몇 명이든 식구 한두 명이 늘어나든, 한 끼에 먹을 음식은 대개 그 쟁반 하나 가득으로 정해져 있습니다. 쟁반의 음식이 바닥나면 식사는 끝이 납니다. 친척 아이 하나를 맡아도 준비하는 식사의 양은 똑같아요. 예를 들어 오늘 저녁 식사부터 군식구를 위해 생선 한 토막을 더 요리하는 일은 없지요. 그래서 마음 편하게 아이를 맡을 수 있답니다.

우리의 식사는 자기가 먹을 양을 스스로 조절할 수 있습니다. 부식도 한참 많이 먹을 나이의 아이에게는 더 담아주기도 하고요. 그러나 아프리카식 식사는 강한 사람이 많이 먹습니다. 먹는 속도가 느린 아이는 제대로 먹기도 전에 쟁반이 바닥나죠. 그리고 한집안의 주부인 어머니 역시 그런 복잡한 양의 배분 따위는 염두에 두지 않습니다.

그러므로 가족 중에 거의 '먹이'를 스스로 챙겨 먹지 못하는 약한 아이가 생긴다는 점에서는 여러 마리의 새끼를 낳아 기르는 들짐승과 별반 다를 게 없습니다.

영양실조 아이를 보살피는 수녀들은 어머니들에게 그 점에 대해 주의를 줍니다. 우선 어린아이들을 위해 따로 작은 접시에 일정량을 덜어서 천천히 먹게 하도록 지도합니다. 그러나 아무리 말해도 어머니들은 그런 주의 사항을 실행하려고 하지 않아요.

"수녀님, 우리는 접시가 없어요. 접시를 살 돈을 주시든가 수녀원의 접시를 주세요." 하고 말합니다.

지역 시장에서 파는 플라스틱 접시는 10엔, 20엔이면 살 수 있다지만 그런 접시를 사거나 어린아이에게 흘리지 않고 음식을 먹일 수 있는 작은 숟가락을 살 돈이 그들에게는 없습니다.

옛날에는 어느 나라든 영양실조 아동을 위한 원조는 음식의 재료(우유나 밀가루, 기름 등)를 부모들에게 배급해주는 방식으로 진행되었습니다. 그러나 최근 들어 원조는 그 자리에서 먹이는 급식으로 바뀌고 있지요. 음식 재료를 주면 부모들은 그것을 영양실조 아동에게 먹이지 않고 다른 형제들에게 먹이거나 시장에 내다 팔기 때문입니다. 그래서 조리한 음식을 그 자리에서 먹이는 급식 형태를 취하는 것입니다.

이런 급식 풍경은 수없이 많이 봤지만 상당히 효과적인 방법입니다. 조리대 따위는 설치되어 있지도 않고, 지붕만 있는 구조물 아래서 어머니들은 땅바닥에 쪼그리고 앉아 야채를 다듬거나 아궁이에 땔감을 넣어 불을 지펴 큰 솥에다 죽을 끓입니다. 땔감에서는 향기로운 냄새가 나고 걸쭉한 죽은 보기에는 별로 먹음직스럽지 않지만 각 지역마다 싸게 살 수 있는 여러 가지 재료가 들어 있어요. 그중에는 애벌레처럼 보이는 말린 벌레를 가루 낸 것도 들어가는데 상당히 좋은 단백질 식품이랍니다. 아이들은 어머니에게 안겨 싸구려 숟가락으로 떠먹여주는 죽을 받아 먹습니다.

가끔 혼자 급식을 먹으러 오는 7~8세의 남자아이가 있었어요. 가정 환경은 잘 모르지만 그 아이 역시 낮에 학교에 가지 않는 것 같았죠. 그 아이는 매일 수녀원에서 운영하는 진료소 마당 한 귀퉁이 지붕 아래에 의자 대신 만들어놓은 콘크리트 벤치에 앉아 가지고 온 접시에 죽을 받아 먹곤 했어요. 그런데 이 아이가 수녀들의 눈이 미치지 않는 곳에서 미심쩍은 행동을 하는 거예요. 손에 들고 온 중국산 비닐 봉투 안에 죽이 담긴 접시를 넣으려다가 담당 수녀에게 주의를 받았어요. 죽이 쏟아지지 않도록 접시를 수평으로 넣으려고 애썼지만 보통 구조의 봉투로는 쉽지 않지요. 그 아이는 죽을 먹는 척하면서 접시를 봉투에 넣어 가려고 했어요. 그 아이에게도 집으로 죽을 가져가서 먹이고 싶은 누군가가 있었던 겁니다.

"그 아이가 봉투에 접시를 넣으려고 했다면 죽이 다 쏟아졌겠네요." 하고 내가 묻자 거기 있던 사람이 대답했어요.

"괜찮아요. 설사 쏟아지더라도 모두 손으로 훑어 먹을 테니까요."

짐작할 수 있는 일입니다. 대개는 그릇이 없으면 죽을 가지고 집으로 가는 건 포기할 테지만 아프리카에서는 결코 그렇지 않습니다.

가난이란 자연에 항거할 수 없는 삶

아프리카는 뜨거운데 왜 두꺼운 옷을 입고 있나요?

옷이라는 건 기후에 맞춰 입는 게 당연합니다. 더우면 벗는 것이 상식이지만 세상은 반드시 그렇지만도 않아요.

처음 시리아의 다마스커스에 갔을 때는 프라이팬 위에 있는 것처럼 날씨가 뜨거웠습니다. 그때까지만 해도 온도계를 갖고 가는 것은 미처 생각지 못했는데, 기온이 아마 섭씨 45도에서 50도 사이였던 것 같아요. 나는 추위에는 약하지만 더위에는 강한 편이라 기온이 높다는 사실에는 놀라지 않았는데, 사람들의 복장을 보고는 놀라지 않을 수 없었습니다. 나와 비슷한 연배의 아주머니들이 보풀이 있는 울 코트를 입고 있었거든요.

이유는 조금만 생각해보아도 금방 알 수 있지요. 두껍게 입으면 의복 안은 체온과 비슷한 36도 정도로 유지되지만, 만약 민소매라도 입었다가는 피부가 50도의 뜨거운 기온에 그대로 노출되기 때문입니다. 이는 물론 습도가 낮았기 때문에 가능한 일입니다.

어쩌면 이라크에서도 유목민이나 전기의 혜택을 받지 못하는 지역의 사람들은 이런 치열한 기후를 견디며 평생을 살 것입니다. 사마와* 사람들도 전쟁의 혼란 이후로 전력 사정이 복구되지 않는다면 이런 혹서와 함께 추위를 견디며 살아갈 것입니다. 살 수는 있지만 내 체험에 의하면 이 정도로 더우면 인간의 사고 기능이 제대로 작동되지 않습니다. 특히 어떤 상황을 가정해서 생각하는 능력이 떨어집니다. '만약에…' 라는 형태로 당장은 현실이 아닌 것을 생각하는 작업은 매우 높은 수준의 뇌 사용법입니다. 그래서 더운 지역의 서민들은 오늘 일밖에 생각하지 못해요. 50년 후의 계획은 고사하고 내일 일도 별로 생각하지 않지요. 지금 당장의 일, 기껏해야 저녁까지의 일만 생각한다고 해요.

인도에서는 정말 더울 때면 자동차의 창문을 닫고 달립니다. 열어두면 열풍이 불어들기 때문이지요. 코트를 입는 것과 같은 원리로 창을 닫으면 열풍을 조금이나마 피할 수 있습니다. 그래도 더위를 견딜 수 없을 때는 커다란 욕실 타월을 물에 적셔 물방울이 떨어지지 않을 정도로 짜서 옷 위에 걸칩니다. 그래봤자 한두 시간만 지나면 물기가 다 말라버리지만 그동안은 기화열을 빼앗아주기 때문에 조금 시원해요.

나는 인도에서 한센병 취재를 할 무렵에 일본인이 경영하는 병원 숙소에 묵었습니다. 물론 냉방 시설 같은 건 없었죠. 창문을 열어두고 싶지만 밖은 치안이 불안하고 사향고양이가 뛰어들어 위험하니 닫아두라는 주의를 받았습니다. 나는 사향고양이가 왜 위험한지 알지 못했지만 일단 밤에는 창문을 닫고 침대에 누웠습니다. 엄청나게 더웠죠. 나는 제법 기발한 방법을 생각해냈다는 마음으로 컵에 물을 받아 돌바닥 위에 몇 잔 뿌렸습니다. 그러자 얼마 후에 갑자기 벌레 소리 같은 게 들리기 시작했어요. 어디서 소리가 나는

* 이라크 남부에 있는 도시 이름.

지 살펴보았더니 놀랍게도 바닥에 뿌린 물이 눈 깜짝할 사이에 증발하는 소리였습니다. 뜨거운 프라이팬 위에 물을 부으면 지지직 증발하는, 그런 소리 말이에요.

내가 견딜 수 없다고 생각할 정도의 더위를 체험한 지역은 모두 네 군데입니다.

첫째는 페르시아 연안의 카푸지입니다.

1975년에 베이루트에서 정체를 알 수 없는 남자에게 사우디아라비아행 비자를 '사서' 페르시아에 입국했을 때, 나는 카푸지에서 일하는 일본인 부인에게 나의 무지에서 오는 순진한 생각을 말했답니다.

"이렇게 더울 땐 해수욕을 하는 수밖에 없겠군요."

그러자 그 부인이 너무나 진지하게 대답했어요.

"바다는 뜨거워서(더워서가 아니고) 들어갈 수가 없답니다."

수온이 무척 높다는 말이었지요.

두 번째는 터키 남해안의 메르신이라는 지역입니다. 성 바오로에 대한 조사를 할 때였는데, 명색이 바다 옆인데도 왜 이렇게 더운지 알 수가 없었어요. 동행한 일본인에게 이유를 물었더니 아프리카의 사하라에서 불어오는 열풍의 영향이라고 하더군요.

"이렇게 멀리까지?"

내가 놀라서 묻자 그는 열풍이 노아의 방주가 도착했던 유명한 아라랏 산에 부딪히기 전까지는 열기가 계속 유지된다고 했어요. 그의 말에 따르면 이곳 남자들은 욕실 타월을 물에 적셔 바닥에 깔고 그 위에 벌거벗은 채로 잠을 자는 모양이에요. 그렇게 하면 몸에는 별로 좋지 않다면서도 자신 역시 같은 방식으로 잠잔다고 했어요.

세 번째는 모로코의 남부, 도라 사막 부근에 있는 와르자자트라는 도시입니다. 호텔 방에는 냉방 시설이 돼 있기는 했지만 전혀 가동되지 않았습니다. 창문을 닫고 냉방을 해도 36도, 창을 열고 바깥 공기가 들어오게 해도 36도였죠. 미풍조차 없었어요.

집은 하나같이 두부를 나란히 놓은 것 같은 네모난 돌로 지은 단층집이고 나무가 한 그루도 없는 것처럼 보였습니다(물론 느낌이지만). 도시 전체는 오렌지색 나트륨등의 불빛 아래 병적으로 침묵하고 있었죠. 나무가 없기 때문에 흔들리는 것도 없었죠. 도시가 폐허가 아니라는 증거로 개가 한 마리 짖어댈 뿐. 결국 잠들지 못한 채 절망적으로 테라스로 나가 이곳은 외인부대 기지였음에 틀림없다고, 이유도 없이 일방적으로 단정짓는 내 시야 안에 유일하게 움직이는 물체인 택시 한 대가 들어오는 거예요. 무척 인상적이었죠. 새벽 2시쯤이었는데 아마 중환자가 생겨서 급히 나갔다 왔을 거라고 나는 악의를 갖고 추측했습니다. 그렇지 않으면 이렇게 끔찍하게 더운 날 밤 늦도록 돌아다니는 바보는 없을 테니까 말이죠. 뇌세포가 모조리 반란을 일으켜 제대로 된 판단을 거부하는 것을 스스로도 느낄 수 있었습니다.

내가 체험한 네 번째로 더운 지역은 튀니지의 '네프타' 사막에 면한 국경 근처의 도시인데, 그곳도 숨쉬기조차 귀찮을 만큼 더웠습니다. 도시 변두리를 돌아다니다가 뚜껑 없는 소형 트럭 한 대가 멈춰 있는 것을 보았는데, 짐칸에는 총을 맞았는지 상처에서 피가 흐르는 작은 영양이 발이 묶인 채 실려 있었어요. 얼마 후면 도축되어 고기로 둔갑하겠지만 그 영양의 눈에는 공포의 기색이 전혀 없었습니다. 언젠가는 찾아올 죽음을 동물이 인간보다 훨씬 겸허하게 받아들이는 건지, 아니면 너무 더워서 죽는다는 예감조차 못하는 건지 알 수 없지만, 나는 괜스레 안도했던 기억이 납니다.

10월 말부터 11월 초 사이의 사하라 사막은 낮에는 기온이 약 42도지만 밤에는 12도까지 내려갑니다. 사람도 동물도 밤에는 추위에 시달리지요. 사막에서는 바람을 막는 것이 추위를 막는 가장 좋은 방법입니다. 풍속이 1미터면 체감 온도는 1도가 내려가요. 바깥 기온이 12도라도 4미터의 미풍이 불면 몸으로 느끼는 추위는 8도까지 내려간다고 보면 됩니다.

그래서 사람들은 오랜 세월 황야에 돌을 쌓아 바람막이를 만들었어요. 황야 군데군데 초승달 모양으로 쌓여 있는 돌무더기는 자연 현상처럼 보이지만, 사실은 그때그때의 미묘한 풍향의 변화를 고려해 조금이라도 바람을 막기 위해 사람들이 쌓은 것입니다. 우리는 침낭을 사용했는데 차 바깥에서 잠을 잔 사람들은 옷을 있는 대로 다 껴입고 목에는 타월을 감아 바람을 막았는데도 파고드는 추위 때문에 괴로웠다고 합니다.

그래서 성서 이야기가 자연스럽게 피부에 와닿았어요.

"또 너를 재판에 걸어 네 속옷을 가지려는 자에게는 겉옷까지 내주어라." (마태오 복음서 5:40)

맘씨 좋은 남자가 속옷을 빼앗기면 겉옷도 주라는 단순한 이야기가 아닙니다. 옷을 벗는 순서상 이 묘사는 부자연스럽지요. '겉옷을 빼앗으려고 하는 자에게는 속옷도 주어라' 라고 했다면 이해할 수 있는 이야기지요.

이것은 세리였던 마태오가 잘못 기록한 것이 아닙니다. 당시 사람들은 아무리 가난해도 갈아입을 속옷은 있었지만 모직으로 된 값비싼 겉옷은 한 벌밖에 없는 사람이 많았습니다. 당시 유대교의 구전율법을 성문화한 《미슈나(Mishnah)》라는 책에는 저당을 잡은 겉옷은 일몰까지 돌려줘야 한다고 쓰여 있습니다. 사막 지대의 밤이 매우 춥기 때문에 겉옷이 없으면 건강을 해칠 수 있다는 뜻입니다. 예수는 인간이 타인에게 베푼다는 것은 자신에게 필요하지 않은 물건을 즉흥적으로 주는 편한 행위가 아니고, 때로는 자신의 생명까지 줘야 한다는 것을 그 지역 실정에 맞게 비유적으로 말한 것입니다.

우리는 아프리카가 더운 곳이라는 선입견을 갖고 있는데, 온도를 결정하는 요소에는 지역의 고도도 크게 영향을 미칩니다.

에티오피아에 기근이 돌던 해에 내가 그곳에서 본 것은 기아뿐만 아니라 추위에 시달리는 사람들이었습니다. 무엇보다 입을 것이 없었죠. 환자들이 밀려드는 의료 캠프에서도 나는 그들에게 해줄 수 있는 게 없었습니다. 무엇보다 의료 행위에도 아무 도움이 되지 않았지요. 그 지역 언어를 모르기 때문에 통역도 할 수 없었으니까요.

그러던 어느 날 누더기 옷을 입고 추위에 떨고 있는 난민 소녀에게 적당한 옷을 골라주는 일을 맡았을 때 나는 참 기뻤습니다. 소녀는 열 살에서 열두 살쯤 되어 보였지만, 영양 상태가 나쁜 데다 서로 통하는 언어가 없어 물어볼 수가 없었어요.

옷은 일본에서 보내온 커다란 나무 상자에 들어 있었는데, 그중에서 소녀의 몸에 맞는 따뜻한 옷을 찾아 입혀주어야 했습니다. 옷을 내줄 때는 소녀가 입고 있는 누더기 옷을 회수하는 게 규칙임을 나는 알고 있었죠.

나는 나무 상자 안을 보고 실망했답니다. 옷은 산더미같이 쌓여 있었지만 가난한 소녀가 입기 편한 실용적인 옷, 이를테면 티셔츠나 면 블라우스, 청바지나 모직 카디건 같은 것은 몇 개 없었기 때문입니다. 여성용 정장이나 어린이용 파티 드레스 따위는 믿을 수 없을 정도로 많았습니다. 일본인은 자기들에게 필요 없는 옷을 쓰레기통에 버리는 대신 난민 구제라는 명분으로 보내주었던 겁니다. 처치하기 곤란한 물품을 구호물자로 내놓으면 폐품도 처리할 수 있고 뭔가 좋은 일을 한 듯한 기분도 맛볼 수 있을 테니까요.

에티오피아는 물질적으로 가난하고 일본은 정신이 가난했던 거죠. 아무리 호의적으로 보더라도 에티오피아의 정치가는 자국민을 제대로 먹이는 기본적인 능력이 부족하고, 일본인은 빈곤이 무엇인지에 대한 객관적인 지식이 부족했습니다. 양쪽 모두 가난한 것은 마찬가지였죠.

그때 소녀에게 골라준 것이 어떤 색, 어떤 옷이었는지 지금은 기억나지 않지만, 간신히 도움이 될 만한 것을 입혀 소녀를 돌려보냈을 때 나는 다른 생각을 하고 있었습니다. 그때까지 나는 그곳 소녀들을 각각 구별할 만한 시간도 없었고 그 방법도 몰랐거니와 마음의 여유도 없었거든요. 나는 원래 근시인 데다가 사람의 얼굴을 잘 기억하지도 못합니다. 게다가 하나같이 꼬불꼬불한 머리를 짧게 자르고 때에 절은 누더기를 입고 있을 뿐 표정이 없기 때문에 모두가 똑같아 보일 수밖에요.

하지만 내가 입혀준 옷은 그 소녀의 단벌옷이 될 게 분명했기 때문에 벗을 일은 없을 것이고, 그러면 나는 옷을 보고 소녀를 난민 캠프 부근에서 찾을 수 있다고 생각했답니다. 그 소녀가 어떤 어른과 생활하는지, 집은 어디인지, 캠프 내에서 이루어지는 영양 보급을 위한 급식을 먹으러 오는지를 추적할 수 있겠다고 생각했던 거죠.

그러나 나의 이 계획은 완전히 실패로 끝났습니다. 내가 옷을 내줄 때 지켜야 할 규칙을 따르지 않았기 때문이지요. 옷을 내줄 때는 이가 들끓을 게 분명한 입고 있던 옷은 두고 가게 하는 게 규칙입니다. 나는 이가 무서워서 옷을 만지지 않았던 게 아니었어요. 전쟁을 체험한 사람은 이는 물론이고 때나 분뇨, 시체까지도 그다지 두렵지 않거든요. 그렇다고 규칙을 잊은 것도 아니었어요. 나는 기아로 부모가 죽고 혼자 남겨진 고아가 많다는 이야기를 들었기 때문에 차마 누더기 옷을 내놓으라고 말할 수가 없었습니다. 혹시 소녀가 입고 있는 옷이 어머니가 만들어주었거나 고쳐준 흔적이 있는 추억의 유품일 수도 있으니까요.

하지만 그 때문에 나는 소녀를 찾아낼 수가 없었죠. 캠프 부근에서는 낯익은 옷을 두 번 다시 볼 수 없었습니다. 캠프에서 일하면서 그곳 사람들을 많이 경험한 일본인은 나를 책망하지는 않았지만, 입던 옷을 받아두지 않았기 때문에 소녀는 금방 새로 받은 옷을 벗어서 팔아치웠을 것이라고 내게 말해주었습니다. 입던 옷을 수거하는 것은 그런 폐해를 방지하기 위해서였던 거죠. 그 소녀는 내가 입혀준 옷을 벗어 내다 판 돈으로 먹거리를 샀을 거예요. 추위는 견디면 됩니다. 추위보다 배고픔이 더 괴로우니까요.

몇 년 후 나는 주변 사람에게 때에 절은 옷에 대한 설명을 들었습니다. 때는 엄청나게 파괴적인 힘을 갖고 있어서 옷에 묻으면 깊이 파인 주름 안쪽에서부터 천을 썩게 하여 옷을 찢어지게 만든다고 합니다.

그림 물감의 온갖 색을 혼합하면 대지의 흙색, 혹은 똥색에 가까워진다고 하는데, 에티오피아에서는 그 말이 사실이었어요. 난민은 누구나 제복처럼 똑같은 때 색깔의 옷을 입고 있었으니까요.

가난한 생활이란 결국 자연에 항거하지 않는 생활을 의미합니다. 비가 오면 홍수가 지고, 맑은 날이 계속되면 사람들은 일사병으로 죽고, 벼나 야채는 말라 죽어요. 그것은 인간에게 아무런 대책도 없는 사회 구조입니다. 진보된 사회는 자연에 항거하여 자연을 제어하거나 적어도 조화를 이루도록 자신과 자연을 속입니다.

빈곤의 정도는 거처의 형태로도 알 수 있다

빈민굴 안에서도 가장 가난한 집은 어떻게 생겼나요?

나는 어릴 때부터 심한 근시 때문에 미술 시간에 그림그리기는 거의 하지
못했답니다. 돼지를 봐도 개를 봐도 자세히 보이지 않아서 그릴 수가 없었거
든요. 그렇지만 근시인 천재 화가도 있으니 그림을 그리지 못한 것을 근시
탓으로 돌리는 건 옳지 않은 것 같네요.

내가 비교적 쉽게 그린 그림이 있었는데 바로 '집' 그림입니다. 먼저 지붕
을 그리고 그 아래 네모난 벽과 손잡이가 있는 문, 그리고 네모난 창문을 그
려요. 그걸로 끝이죠. 지붕은 갈색으로 칠하거나 검은 기와를 비늘 모양으로
그려넣기도 했어요.

그림 속의 이런 집은 동화적입니다. 좁아도 가족들이 오순도순 모여 사는
따뜻한 모습을 상상할 수 있거든요. 그러나 실생활에서 이런 집은 불편하게
몸을 웅크려야 하는 단칸방의 가난한 집이라는 걸 나는 나중에야 알게 되었
습니다.

나는 이런 모양의 집을 여러 채 봤는데, 그중 한 집에 대한 느낌은 지금도

강렬하게 남아 있습니다. 남인도의 방가롤에서 자동차로 약 50분 걸리는 시골의 불가촉천민 마을에 있는 과부의 집이었어요. 전에 가톨릭 수도회 예수회에서 경영하는 기숙 학교를 방문한 적이 있었는데, 거기서 키가 훤칠한 한 청년을 만났어요. 집이 학교에서 먼 데다가 가까이에 노선 버스도 없었기 때문에 예수회 신부들은 아무래도 학교에 기숙사를 만들어야 했습니다. 기숙사에는 스무 명 남짓의 또래 청년들이 있었는데, 그들은 그곳에 오기 전까지는 힌두어나 출신 부족의 언어밖에 할 줄 모르는 시골 청년들이었다고 합니다. 기숙 학교에서 교육을 받은 지 1~2년 만에 내가 묻는 질문에 충분히 대답할 정도로 영어 실력을 갖추고 있었어요.

느낌이 좋은 한 청년에게 가정에 대해 물었더니 과부인 어머니와 둘이 사는데, 어머니를 두고 이 기숙 학교에 와 있다고 했어요. 학비가 면제되고 식사가 제공되는 것만으로도 충분히 만족스럽다는 공손한 대답이었습니다. 어머니 입장에서는 키가 크고 기운도 좋은 아들을 일하러 보내면 얼마간의 수입이라도 있을 텐데, 학교에 보낸 것을 보면 향학열이 대단한 분일 거라는 생각이 들었습니다.

그 청년의 어머니가 사는 집을 방문할 수 있다는 사실만으로도 나는 감동했습니다. 외국에서는 이런 일이 좀처럼 불가능하거든요. 신부님이 데리고 가주지 않는다면 불가촉천민의 마을에 들어가는 것은 언감생심이니까요.

집은 말 그대로 단칸방이었어요. 게다가 놀랍게도 그 집에는 어린 시절 내가 집을 그릴 때 출입문과 함께 그렸던 창문이 하나도 없었습니다. 문이 조금 열려 있어서 집 안의 모습이 어렴풋이 보였는데, 진흙을 발라 굳힌 바닥에 가구라고는 하나도 없었죠. 유감스럽게도 부엌이 어디에 있었는지는 기억이 나지 않습니다. 방 한 귀퉁이에 부뚜막이 있었던 것도 같은데 불을 피우지 않았기 때문에 그곳이 부엌이었는지 확실하지 않아요.

청년의 어머니는 혼자 있었습니다. 누더기를 걸치고 있지는 않았죠. 아무리 가난한 사람이라도 나들이옷 한 벌은 갖고 있으니까요. 그러나 그녀는 그 집에서 완전히 혼자였어요. 불가촉천민으로서 차별당하는 사람들이 한데 모여 서로 의지하며 살 거라는 내 예상은 착각이었습니다. 차별당하는 사람일수록 차별하기를 좋아하니까요.

불가촉천민은 스스로를 상층 불가촉천민과 하층 불가촉천민의 두 개 계층으로 구분해요. 어떤 사람이 상층이냐고 물으니, 서민의 발인 인력거 운전사로 일하는 사람은 상층, 농업에 종사하는 사람은 하층이래요. 다시 말해 등을 구부리고 일하는 직업은 모두 하등한 것으로 여기는 듯했어요. 마당에서 꽃이나 야채를 가꾸느라고 몸을 굽혀 일하는 시간이 많은 나 같은 사람은 불가촉천민 중에서 하층 계급인 셈이죠.

과부인 청년의 어머니 집에서 또 다른 차별에 대해 배웠습니다. 과부는 마을에서 경사스러운 일이 있어도 초대를 받지 못한다고 합니다. "장례식에는 참석해도 돼요."라고 그녀는 덧붙였어요.

아들이 집에 없어서 외롭게 생활하는 이 여성은 마을의 결혼식에는 그나마 초대를 받고 싶었을 것 같습니다. 경사스러운 자리에 참석하면 맛있는 음식도 먹을 수 있고 마을 처녀들이 춤추는 모습도 볼 수 있으니까요. 그러나 그녀는 과부라는 이유만으로 마을의 경사에서도 소외당한다는 겁니다. 나는 그녀의 불행과 폐쇄된 생활을 그 창문이 없는 집을 통해 보는 듯했어요.

그러나 얼마 후 나는 이 여성의 집은 세계적 수준으로 보면 결코 최하가 아니라는 걸 알게 되었습니다. 브라질, 페루, 볼리비아 등 남미 국가들에서도, 그리고 아프리카 국가들에서도 나는 많은 '빈민굴'을 방문할 기회가 있었거든요. 그러다 보니 빈민굴 나름의 빈곤의 정도는 거처의 형태를 통해 알 수 있게 되었습니다.

가장 가난한 인간의 거처는 반쪽 지붕이랍니다. 말하자면 지붕이 한쪽으로만 흐르는 형태죠. 이것은 다음과 같이 생각하면 이해하기 쉽습니다. 지진이나 화재 등으로 집을 갑작스럽게 잃고 그날 밤부터 어떻게든 비와 이슬을 피해야 할 상황이 되었는데, 생각지도 않은 사건 직후라 재료도 일손도 부족하지요. 그러면 우선 벽을 찾아 그 옆에 되는 대로 모아들인 재료로 기둥을 세운 뒤 그 위를 거적으로 덮어 한쪽 지붕을 만드는 거예요. 그 지붕 아래 생긴 작은 공간이 당장 그날 저녁부터 그들의 임시 거처가 되는 겁니다.

빈민굴도 마찬가지예요. 한쪽 지붕만 있는 빈민굴은 가장 가난한 사람들의 집이죠. 매우 좁고 비도 샙니다.

빈민도 살다보면 조금씩 자리를 잡고 거처를 정비하기 시작하는데, 그때야 비로소 용마루를 중심으로 좌우 양옆으로 지붕이 흐르도록 만듭니다. 어릴 때 내가 미술 시간에 그린 '집'에 가까워요. 그러니까 그런 형태의 지붕이라면 조금 여유가 있는 빈민의 집이라는 의미죠.

빈민뿐 아니라 중류 계급에서도 계획된 면적만큼 한꺼번에 집을 짓는 일은 거의 없습니다. 가족 중 아버지가 직접 집을 짓는 경우도 많기 때문에 집은 벽돌을 살 수 있는 만큼, 그러니까 방 한 칸에서부터 시작해요. 그리고 다음에 돈이 조금 생기면 집을 넓히는 데 필요한 만큼 벽돌을 100개나 200개를 구입합니다. 집을 넓히겠다고 생각하면서도 결국 넓히지 못하는 집도 많지요. 벽돌로 된 2층, 3층이라도 한꺼번에 지을 수는 없으니까요.

학교도 마찬가지예요. 내가 활동하고 있는 해외일본인선교활동원조후원회(JOMAS)는 지금까지 인도나 아프리카에 몇 개의 학교를 세웠습니다. 남의 돈을 맡아 일을 하려면 반드시 현지에 가서 직접 눈으로 보고 신청한 대로 사업이 완성되었는지를 확인하고 보고할 의무가 있습니다. 그래서 나는 그때마다 자비로 개교식이나 낙성식에 참석하는데, 우스꽝스러운 건물 모습을 보고 놀란 적이 한두 번이 아니에요. '완성'되었다고 하는 단층짜리 학교 지붕에 철근이 보기 싫게 삐져나와 있는 광경을 마주친 적도 있어요. 이것은 '언젠가 돈이 또 생기면 2층을 올리고 싶습니다' 하는 의사 표시죠.

그런 경우 2층을 올려야 할 때 거의 100퍼센트 또 우리 JOMAS로 자금 신청이 들어옵니다. 생각해보면 학교조차 '가능한 만큼 가능한 때에' 짓는다는 것은 매우 인간적인 일이기도 해요.

나는 아주 최근에야 새롭게 알게 된 것이 있는데, 시골 학교나 시설에서 많이 사용하는 벽돌이 세 종류라는 것입니다. 지인 중에 북아프리카에서 굳이 옛날 공법과 재료를 사용하여 집을 지은 사람이 있어요. 햇볕에 말린 벽돌이죠. 건축 현장 근처 땅바닥 위에 큼직한 초밥 틀 같은 것을 놓고, 거기에다 근처에서 나는 진흙과 골재에 해당하는 잘게 썬 짚 같은 것을 섞어 넣습니다. 틀을 빼고 며칠 그대로 두면 진흙은 자연스럽게 햇볕에 말라 벽돌이 됩니다. 이것은 생산비가 거의 들지 않아요. 그 자리에서 만드는 거라 운반비도 필요 없지요. 구약성서 '탈출기'에 나오는 모세와 이스라엘 백성이 이집트에서 만든 벽돌 제조 방법과 똑같습니다.

지인의 이야기에 의하면 널찍한 안마당이 딸린 '저택'이 완성된 직후에 자기 방 침대에 누워 바라보니 벽 색깔이 조금 다르더래요. 채 마르지 않은 벽돌 안에 갇힌 잡초 씨앗이 일제히 싹을 틔웠던 겁니다. 불에 굽지 않은 벽돌이라는 증거였지요. "새싹 채소로 먹으면 좋았을걸." 하고 농담을 했지만 햇볕에 말린 벽돌의 생기란 그런 거겠지요.

다음에 알게 된 것은 '노천 구이'라고 부를 만한 벽돌입니다. 인도에서도 마다가스카르에서도 길가에 무너진 폐허 같은 벽돌 탑을 보고 처음에는 뭘까 싶었죠. 그것은 앞에 설명한 햇볕에 말린 벽돌을 10미터 높이로 가운데를 비운 채 탑을 쌓고, 그 안에 장작을 채워 사흘 정도 불을 피웁니다. 불길이 골

고루 닿게 하기 위해 신경을 썼지만, 엄밀하게 똑같은 온도에서 구운 것도 아니고 굽는 온도도 낮기 때문에, 이것은 반쯤 구운 벽돌이 됩니다. 벽돌을 길가에서 굽는 데는 상당히 깊은 의미가 있습니다. 사람들이 지나다니다가 보고, 차곡차곡 모아둔 얼마 되지 않는 돈을 갖고 와서는 20개, 30개씩 사가지고 당나귀 등에 싣고 가기 때문에, 길가에서 구워야 한다는 겁니다. 이 '탑가마'에서 나오는 벽돌은 무르고 약한 것이 특징이에요.

마지막 한 가지 종류가 우리가 알고 있는 보통 벽돌입니다. 이 벽돌은 높은 온도에서 굽기 때문에 단단하고 튼튼하죠.

벽돌에도 스테이크처럼 살짝 굽는 레어와 중간 정도로 대충 익힌 미디엄, 그리고 완전히 익히는 웰던이 있는 셈이지요. 당연히 가격도 다릅니다. 그들이 일본의 벽돌 한 개 값을 들으면 도저히 집을 지을 수 없다고 생각할 거예요. 개발도상국을 원조할 때는 그런 점도 고려해서 엄밀하게 예산을 점검해야 합니다.

이처럼 직접 구운 벽돌의 존재를 알고 나서 비로소 이해된 것이 있습니다. 오래전에 JOMAS는 브라질 동쪽 끝에 있는 레시페 부근의 가난한 마을에 돈을 보낸 적이 있습니다. 그런데 신청자인 신부님의 보고서를 보니 돈은 세 채의 개인 주택을 짓는 자금과 어떤 여성의 치아를 치료하는 비용, 관을 사는 데 사용했다고 적혀 있었어요. 이것은 용도를 멋대로 변경했다는 의미였죠. 우리는 책임자인 신부님을 아끼고 존경했지만 그래도 이런 경우는 곤란한 일이므로 나는 먼 길을 찾아가서 사정을 들어보기로 했습니다.

관의 경우 나는 처음에는 가난한 미망인이 남편의 관을 살 수 없어서 신부님이 우리의 돈으로 사주었을 거라고 믿었는데, 실제로 신부님이 관을 사준 사람은 아내가 죽은 남편이었어요.

이 치료비는 신부님의 오른팔이 되어 마을 사람을 위해 일하던 야무진 여성을 위해 지불되었죠. 그녀는 문맹인 남편에게 글을 가르쳐서 지금은 남편도 지식인 부류가 되어 있었습니다.

그런데 개인에게 지어주었다는 네 채의 집이 존재하는지는 확인할 의무가 있어 함께 가보았습니다.

첫 번째 집은 비어 있었어요.

두 번째 집에는 40대의 조모, 20대 중반의 어머니와 그녀의 어린아이들이 살고 있었습니다. 아버지는 '없다' 는 이야기였는데, 나는 '지금 집에 없는' 게 아니고 '이혼' 이나 '사별' 도 아니고 처음부터 미혼모였거나 어쩌면 아이들 아버지가 각각 다를 수도 있다고 추측했어요.

아마도 우리는 성매매 장소를 마련하는 일을 도와주었을지도 모릅니다. 그렇게라도 하지 않았으면 이 젊은 엄마는 시골 마을에서 여러 명이나 되는 자녀를 도저히 기를 수가 없었을 거예요.

브라질의 가난한 마을에서 세 번째 집으로 이동할 때는 이미 해가 기울어 주위 모습을 살피기가 조금 불편했습니다. 신부님이 돈을 지원했다는 그곳 좁은 땅에는 희미한 집터 흔적이 씨름판 모래밭처럼 남아 있을 뿐이었거든요.

"소노 씨에게 집을 보여주고 싶지만, 이 집은 이번에 녹아내렸습니다." 하고 신부님이 말했습니다.

이 부근의 가난한 집은 건기에 기둥과 기둥 사이에 바른 두 장의 이엉 틈에 진흙을 넣어 자연 건조해서 벽을 만듭니다. 이 흙벽은 매년 우기에 저절로 조금씩 녹아내리기 때문에 1~3년만 지나면 못 쓰게 됩니다. 그런데 이 독거 노인의 집을 지은 사람들은 수고비를 충분히 받지 않았을 테고, 그래서 일을 대충 했나봅니다. 진흙의 양이 부족했기 때문에 단기간에 녹아내려버렸으니까요.

교육의 부재, 개념의 부재에서 비롯된 난제들

지도도 시계도 없는데 소통이 가능한가요?

　문맹이라고 하면 언뜻 생각나는 광경이 있습니다. 벌써 20년도 넘었는데 그때 방문한 마다가스카르의 시골이 떠올라요. 야위고 몸집이 작은 여성이 아기를 업고 일본인 수녀가 일하는 클리닉에 왔어요.

　그때의 상담 내용이 무엇이었는지는 전혀 기억나지 않습니다. 간호사인 수녀가 프랑스어도 아닌 그 지역의 부족 언어로 책상 위에 놓인 약을 가리키며 뭔가를 설명했죠. 그것은 일주일에 한 번 먹으면 되는 예방약으로 어른은 한 알, 품에 안고 있는 아기에게는 절반인 반 알을 먹이라는 내용이었어요. 그러나 그 어머니는 아무리 설명을 해도 못 알아듣겠다는 애매한 표정을 짓더니 결국에는 기어들어가는 목소리로 이렇게 말했습니다.

　"약을 받아가지 않고 다음 주에 다시 여기 와서 먹을게요."

　수녀는 그녀를 돌려보낸 후 다소 한숨 섞인 목소리로 사정을 설명해주었어요. 이 지역 사람에게 절반이라는 개념은 없다고 합니다. "다음 주에 다시 오겠습니다."라고 해서, 집이 어디냐고 물었더니 약 10킬로미터 떨어져 있다고 해요. 그 거리를 아이를 업고 그것도 맨발로 걸어오는 건 매우 고통스러운 일이거든요. 발바닥은 코끼리 발바닥처럼 두꺼워졌기 때문에 별로 아프지 않을 테지만, 왕복 20킬로미터를 영양 상태도 좋지 않은 야윈 몸으로 그것도 아이를 업고 걷는다는 것은 보통 일이 아니죠. 그런데 절반의 개념을 모르니 약을 가져가지 못하는 겁니다.

그녀는 집까지 10킬로미터 거리라고 했지만 사실은 그 거리도 애매합니다. 교육을 받은 적이 없기 때문에 수녀가 "5킬로미터 정도?"라고 물어도 "예."라고 대답하고, "조금 더 멀지 않아요?"라고 다시 물으면 "맞아요."라고 대답하거든요. 도저히 판단할 방법이 없습니다.

우리는 어릴 때부터 막대자나 줄자를 익히 사용했고 조금 커서는 50미터 트랙을 달리고 1킬로미터는 그 스무 배라는 것을 체험으로 알게 됩니다. 그러나 학교에도 가지 않고 집에도 자나 줄자 같은 도구가 없으면 거리나 치수 감각을 키울 수가 없습니다. 대부분의 학교에는 지도가 없기 때문에 자신이 어디에서 어디로 이동하고 그 거리가 어느 정도인지도 알지 못합니다.

우리는 1킬로미터를 걷는 데 10~15분이 걸린다는 것을 알면 그 지식을 이용해서 자기 집에서 수녀들이 운영하는 클리닉까지 오는 데 약 30분이 걸렸으니까 거리가 2킬로미터쯤 되겠지 하고 대략 짐작할 수 있지요. 그러나 시계나 라디오가 없는 생활에서는 지금이 몇 시인지를 알 도리가 없기 때문에 몇 분이 걸렸는지도 추측할 수가 없어요.

'절반, 50퍼센트, 2분의 1'을 모르는 사람들이 '10분의 1, 10퍼센트'라는 개념을 이해할 리가 없습니다. 다시 말해 글씨도 쓸 줄 모르는, 덧셈이나 간단한 나눗셈도 할 줄 모르는, 나아가 위생이라는 관념도 없는 사람들은 설사 선진국이 투자를 해서 공장을 만든다고 해도 노동력으로 이용할 수가 없습니다. 학교가 없다는 것은 제3세계에 뿌리 깊게 만연한 결정적인 가난의 병

폐라고 나는 생각합니다.

아주 최근에도 내가 일하는 해외일본인선교활동원조후원회(JOMAS)는 마다가스카르에서 일하는 수녀의 요청으로 모론다바의 오지 베레이브라는 벽지에 학교를 하나 만들었습니다. 물론 지도에 나와 있는 큰 도시는 아니에요. 하지만 사업이 이루어지는 지역이 지도에도 나와 있지 않다는 것은 매우 난감한 일이거든요. 우리가 인도의 뱅갈로르에서 망갈로르로 가는 도중에 있는 문드고드라는 도시에 불가촉천민 학교를 세우려고 했을 때도 그것이 어디에 있는지 지도상으로 표시할 수 없다는 것이 약간의 문제가 된 적이 있어요. 지도를 펼쳐놓고 "그 마을이 어디에 있습니까?" 하고 묻는데 "글쎄요, 도저히 찾을 수가 없네요."라고 대답하면 돈을 내는 사람에게 신뢰감을 줄 수 없거든요.

이 베레이브의 경우 마다가스카르의 수녀들이 현지 일본대사관을 찾아가 서민을 위해 무상으로 학교를 세워달라고 부탁했는데, 가톨릭 학교는 종교 색이 분명하기 때문에 세워줄 수 없다고 거절당해 우리한테까지 오게 되었던 것입니다.

그렇게 해서 완성이 되면 누군가가 '감사(監査)'를 해야 합니다. 이 '감사'라는 냉정하고 불편한 말을 내가 아무렇지도 않게 하게 된 것은 돈을 다루는 사람의 의무이기 때문입니다. 수녀들도 '감사'라는 말에 완전히 적응이 되었어요. 이 감사관(나)은 당연히 간장 한 병 정도는 선물로 들고 가게 마련이고, 더구나 최근 일본에서 일어난 별것 아닌 이야기를 실컷 들을 수 있기 때문에 '감사'를 기꺼이 받아들입니다.

이 베레이브는 버스를 10여 시간 타고 가서 거기서부터 다시 배를 타고 두세 시간 이동해야 겨우 도착하는 곳이에요. 그야말로 '정신이 아득해질 정도로 먼 곳'이고 '무인지경(無人之境)'인 곳입니다.

옛날에는 특별히 공부를 하지 않아도 그런 곳에서 충분히 살 수 있었습니다. 유통기구 따위도 처음부터 없는 거나 마찬가지였기 때문에 사람들은 마을에서 생산하는 것만 가지고도 아무런 불평 없이 살아왔지요. 물론 금세기로 접어들면서부터는 마을 시장에서 식료품이나 의료품 혹은 공구나 비누 따위의 일용품에 이르기까지, 공장에서 생산된 물건을 팔아요. 그러나 나는 1960년 중남미의 과테말라 시골에서 물물교환이 이루어지는 장면을 본 적이 있습니다. 사람들은 돼지와 어린이용 관, 혹은 낡은 의자와 야채를 시장에서 교환하기 위해 그것들을 짊어지고 머나먼 길을 걸어와요. 요컨대 화폐 경제라는 것이 없어도 그럭저럭 살 수 있었어요.

내가 봐도 정말 교육이 필요하다고 여겨지는 지역은 이 밖에도 얼마든지 있습니다. 카메룬의 수도 야운데에서 동쪽으로 약 600킬로미터 들어가는 곳, 거의 중앙아프리카공화국에 가까운 지역에 피그미가 사는 숲이 펼쳐져 있어요. 그 지역에 사는 사람들의 정식 이름은 '바카족'이라고 하는데, '숲에 살고 정착해서 사는 집을 갖지 않은 사람들'이라는 의미 그대로 피그미들은 깊은 숲 속에 살고 있었습니다. 수녀들이 사는 수도원은 그 숲에서 가까운 도시에 있었죠. 도시라고 하지만 이 또한 일본인이 보기에는 한가한 시골 마을 모습이었어요. 그 도시 변두리에서 피그미들이 사는 숲으로 들어갔습니다.

숲으로 들어가는 길은 선명하게 나 있지 않았어요. 수녀들이 주민들에게 곧 손님들이 사륜구동차를 타고 들어올 예정이니 풀을 베어놓으라고 부탁해두었기 때문에 그럭저럭 지나갈 수 있었습니다. 그래도 양옆에서 달려드는 풀 숲이 자동차 앞유리에 부딪치며 우리가 가는 길을 반은 가리고 반은 위협했답니다.

피그미들은 조금이나마 오랫동안 살 수 있는 흙이나 대나무 집도 짓지 않아요. 코끼리 사냥을 하러 오지까지 들어가면 남자들이 사냥감을 쫓는 동안 여자들이 오두막을 만듭니다. 오두막의 크기는 제각각인데 직경 2~3미터에 간신히 사람의 키 높이 정도로, 부근의 단단한 덩굴을 베어와 둥그런 모자 모양의 틀을 만들고 그 위를 잎으로 덮습니다. 풀과 나무로 만든 '움집'이지요. 이런 움집은 두세 시간이면 완성됩니다.

피그미가 난쟁이처럼 키가 작은 사람일 것이라는 생각은 완전히 착각이었습니다. 왜소하기는 하지만 키는 우리 할머니가 더 작을 것 같아요.

수녀들은 이 피그미의 자녀들을 학교에 다니게 하는 데 필요한 준비금을 우리 JOMAS로부터 지원받고 있었습니다. 그러나 그들에게는 학용품을 살 돈조차 없었죠. 어쨌거나 숲에서 채집한 것을 먹고사는 원시 생활이라 현금 수입이라는 것이 없었고, 그래서 공책도 연필도 살 수가 없었던 거죠.

그러나 수녀들의 고생은 다른 데 있었습니다. 수녀들이 수도 생활을 위한 재학습이나 건강 진단, 자식 도리를 위한 가족 방문, 현지 활동에 필요한 자금 마련 등을 위해 고국을 다녀가는 동안 숲의 학교는 쉬게 됩니다. 그러면 그곳 아이들은 말 그대로 숲의 오두막으로 흩어져서 수녀들이 돌아와도 전처럼 다시 학교에 모일 낌새를 보이지 않는다는 겁니다. 그래도 '조금 기다리면' 돌아온다고는 해요.

조금 기다려야 돌아오는 것은 어찌 보면 당연한 일입니다. 수녀들이 돌아왔다는 소식을 아이들은 알지 못하기 때문이죠. 설사 미리 몇 월 며칠에 돌아온다고 정해두었더라도 교통 수단이 엉망이기 때문에 예정이 틀어지는 일이 다반사인데다가, 달력은 물론 라디오조차 없기 때문에 오늘 날짜를 아는 사람이 얼마나 되는지도 알 수 없으니까요. 수녀 쪽에서도 알릴 도리가 없어요. 그들은 평생 우편물 같은 건 한 번도 받아본 적이 없습니다. 애당초 전화는커녕 번지수라는 개념조차 없는 숲이죠. '움집' 같은 오두막을 원래 있던 곳에 짓는다는 보장도 없기 때문에 옮겨가면 연락할 방법이 없어요. 이것은 몽골의 '겔'이라는 텐트가 여름과 겨울에 짓는 장소가 달라도 정확하게 찾아갈 수 있는 것과는 사뭇 다릅니다.

아이들은 학교에 다니는 걸 싫어하지는 않는 것 같았습니다. 노래를 부르면서 하는 놀이도 있고 발톱 사이에 생긴 서캐도 긁어내주었거든요. 실제로 아프리카에서 맨발로 다니는 사람들을 괴롭히는 것은 모래이(砂)랍니다. 수도원에 딸린 작은 진료소에서는 현지 간호사가 발톱 사이에 직접 살충제를 뿌려 우리를 놀라게 했는데, 이것이 가장 효과가 있다고 합니다.

숲의 학교는 가로 5미터, 세로 10미터의 사각형 오두막에 지붕에는 나뭇잎을 덮었는데 조금은 오랜 기간 사용할 수 있는 건축물이었어요. 촌장 동생의 집도 네모난 오두막이었는데, 이는 정착해서 산다는 것을 의미합니다. 촌장의 동생은 아이들을 학교에 보내는 것을 중요하게 여겼죠.

수녀는 이 아이들을 고등학교까지 보낼 생각을 하고 있었는데, 부근의 피그미로서는 첫 고등교육을 받는 개척자 같은 인물로 내세우고 싶어했습니다.

그러나 이 계획을 달성하기는 순조롭지 않을 것 같았어요. 아이들은 도시까지 나와서 수도원 한쪽에 지어놓은 기숙사에 살며 가까이에 있는 학교에 다니는데, 이 기숙사는 다 허물어져가는 폐가인 데다가 안은 불결한 냄새로 가득 차 있었습니다. 매트리스에서는 창자 같은 낡고 토막 난 고무가 삐져나와 있었고, 제대로 된 이불이나 책상도 없어요. 화장실은 밖에 있는데 창문은 도둑(이렇게 가난한 오두막에 무엇을 훔치러 들어오는 건지 모르지만)이나 성범죄자의 침입이 두려워서인지 꽁꽁 닫아놓아 실내는 덥고 통풍이 되지 않아 냄새가 심했죠.

우리가 수도원의 모든 방, 심지어 세탁실까지 빌려 묵던 날 밤에 나는 마당에서 어마어마한 반딧불이의 불빛을 보았습니다. 어쩌다가 '반짝' 하고 나타나는 게 아니었어요. 여기저기, 그중에는 문 바로 위의 벽에 앉아 빛을 뿜

는 반딧불이도 있었죠. 그런데 진짜 피그미 숲에서는 이 정도는 아무것도 아니라고 합니다.

숲은 반딧불이가 내뿜는 빛으로 넘쳐나고 사람은 반딧불이의 빛을 헤치면서 걸어가야만 합니다. 그처럼 청정한 공기는 아프리카의 시골에서만 느낄 수 있습니다. 한 번도 사람의 폐와 장은 물론 자동차 엔진에도 들어간 적이 없다는 것을 여실히 증명하는 깨끗하고 강렬한 생기로 가득 찬 공기죠. 공업의 발전과 반딧불이의 서식은 양립할 수 없다는 원칙을 나는 카메룬과 방글라데시에서 알게 되었습니다.

그런 환경에서 자란 아이들이 왜 도시로 나가 어려운 수학을 배우고, 냄새나는 방에서 잠을 자고 일어나야 하죠? 이렇게 물으면 나는 할 말이 없습니다. 누군가는 수돗물을 마음대로 쓸 수 있고, 또 텔레비전을 볼 수 있어서라고 하지만, 그런 건 애당초 없는 환경에서 살았기 때문에 없어도 전혀 불편하게 여기지 않거든요. 그들의 세상은 아무런 문명의 이기가 없어도 멋지게 완결되어 있지요.

화장실 문제도 매우 심각하다고 말하는 사람이 있습니다. 많은 아프리카 학교에는 화장실도, 손을 씻을 세면대도 없어요. 그래서 여자아이들은 생리를 하는 기간에는 학교에 갈 수가 없어요. 생리용품을 파는 가게도 없지만 돈도 없기 때문에 집에 있는 게 더 안심이죠. 앞에서도 말했듯이 하늘 가득 별이 쏟아지는 환경, 상쾌한 바람이 불어오는 들판이 그들의 화장실이에요. 그렇다면 냄새로 가득 찬 답답한 우리의 화장실은 그들에게는 도저히 견딜 수 없는 환경일 테죠.

교육을 받지 않는 게 잘못이라고 생각하는 것은 사회 구조상 견해의 차이일 뿐입니다. 물론 교육을 받으면 분명 인생에서 선택의 여지가 늘어나죠. 그러나 그들은 다른 장소에서 다른 것을 배우고 있음에 틀림없습니다.

훔치는 게 아니라 조금 사용한다는 생각

빈곤이 만들어낸 몰염치일까요? 그들만의 연대의식일까요?

　브라질의 빈민굴에 사는 한 가정을 방문한 적이 있습니다. 그들의 집은 '침입구(인버존)'라는 지역에 있었습니다. 인버존이란 정확하게는 '침입하는 것'이에요. 그들 침입자(인버조르)는 인버존을 경험한 사람들이지요. 그들이 집을 지은 땅은 원래 땅주인이 버젓이 있어요. 그러나 지주의 정적(政敵)이 침입자들을 꼬여 밤에 지주의 땅에 오두막을 짓고 브라질 국기를 내걸게 해요. 그것만으로 지주는 땅값 한 푼 내지 않은 침입자들에게 그 땅에 대한 권리를 줍니다.

　나는 지금도 그 침입구에서 본 특이한 광경을 기억합니다. 언덕이 많은 길은 물론 비포장이고, 길 양옆에 배수 시설이 되어 있는 것도 아니기 때문에 길 전체에 호우 때 생긴 물 웅덩이가 여기저기 깊게 파여 있었어요. 그와는 별도로 낮게 늘어뜨려진 수많은 전선이 길을 가로지르고 있었죠. 그중에 너무 낮게 늘어뜨려져 있는 곳은 버스가 지나갈 수가 없어서 누군가가 어디선가 가져온 빗자루로 버스가 지나갈 때까지 그 늘어뜨려진 전선을 들어 올린

적도 있어요. 그런 일에는 이골이 난 것 같았습니다.

이런 전선은 모두 큰 전선에서 불법으로 훔친 것입니다. 다시 말해 도둑 전선이지요. 아마도 빈민굴 안에 있을 '도둑전기전문공사'가 꽤 짭짤한 벌이를 하고 있는 게 틀림없어요.

훔친 밭작물을 찾아내는 것은 쉬운 일이 아닙니다. 특히 먹은 것은 추적할 수가 없거든요. 그러나 전기 도둑은 눈에 보이는 증거가 있습니다. 그래서 단속이나 철거, 추징금을 부과하기도 쉽지만 그걸 하는 사람이 없습니다.

전기가 들어와도 그것을 끌어들일 공사비나 사용료를 낼 수입도 없다면… 전기는 이렇게 훔치는 게 가장 손쉽죠.

토지, 물, 전기 등을 사용하는 것에 대해 대가를 지불해야 한다는 관념은 경제나 교육 수준이 낮을수록 희박합니다. 가스는 원래 없는 곳이 많으니까 여기서는 논외로 하겠습니다. 그러나 이런 공공 설비 요금을 아무도 지불하지 않기 때문에 그 설비도 보급되지 않습니다.

남아프리카공화국 요하네스버그의 큰 흑인 도시에서도 비슷한 문제가 있다는 이야기를 들은 적이 있습니다. 벌써 10여 년 전의 일이지만.

요하네스버그에 흑, 백, 황의 세 가지 피부색을 초월하여 모임을 갖는 부인 그룹이 있었는데, 거기에 초대를 받았을 때 한 흑인 부인이 이야기한 내용입니다.

그녀가 살고 있는 구역에는 수도 요금을 지불해야 한다는 것을 도저히 이해하지 못하는 여자가 있답니다. 물은 선조 대대로 공짜로 써왔고 하느님이 자유롭게 쓰라고 인간에게 준 것인데 돈을 지불할 필요가 없다는 거죠.

그러자 주변에 있던 선의에 넘치는, 주로 백인 부인들이 저마다 한마디씩 했어요.

"수도관을 부설하거나 수도꼭지를 설치하는 데 돈이 든다고 말해주지 그

랬어요."

일본인이라면 어이가 없어서 이런 당연한 말은 하지 않았을 텐데 순진하고 착한 사람들은 참으로 친절합니다.

"말했어요. 하지만 그녀는 이해하지 못해요."

이것이 '남아공의 비극' 인지도 모릅니다. 수도국은 아무리 독촉해도 수도 요금을 지불하지 않는 사람 때문에 급수를 중지했습니다. 일본 같으면 당연한 조치죠. 돈을 내지 않는 집의 수도만 끊으면 되니까요. 그러나 남아공의 수도는 일종의 블록 방식으로 되어 있었는지 돈을 내지 않는 사람이 사는 주택지 한 구역 전체의 물이 끊겨요. 그렇게 되면 태평스럽게 물을 길어다 쓰는 사람도 있겠지만, 이 인텔리 흑인 여성은 물이 나오지 않는 상황을 참을 수가 없었던 모양입니다.

"그래서 내가 대신 냈어요. 그런 바보 같은 일이 어디 있어요?"

다들 맞다고, 그렇다고 동감을 표시했습니다.

교육을 받지 않은 사람이 많은 개발도상국에서는 개인 의식이 강하지 않으면 친절한 사람으로 여긴답니다. 우리는 주머니가 비면 도저히 남을 위해 쓸 수 없다고 생각하고 점점 더 구두쇠가 되거나 이기주의자가 됩니다. 그러나 개발도상국에서는 가장 출세한 사람이 불운한 형제나 친척을 맡는 것을 당연하게 여기지요.

개발도상국의 어떤 사람 하나가 일본에 와서 그럭저럭 먹고 살 수 있게 되면 몇 명의 형제나 친척이 모두 그 사람을 믿고 일본으로 오기도 합니다. 먼저 온 사람이 얼마나 성공했고 어느 정도의 경제력을 갖고 있는지 알아보지도 않고 찾아와요.

일본에서도 아가씨들이 농촌으로 시집을 가지 않으려고 해서 심각한 문제가 되자 동남아시아 지역에서 신부를 데려오는 남자가 있지요. 마음씨도 좋고 어르신을 잘 보살피는 따뜻한 마음을 가진 여자도 많아요. 어느 나라에 나 현명한 여성이나 일꾼은 있으니까요.

그러나 단 한 가지 일본인이 이해하지 못하는 것이 친척들과의 교류입니다. 일본인 남편은 외국인 아내의 입장에서 보면 당연히 가족과 친척들 가운데 최고의 고소득자, 부자거든요. 자기 나라에서 제대로 된 직업을 갖고 있어도 월급이 3000엔~1만 엔이고 많아야 3만 엔을 받는 나라가 보통이기 때문에 25만 엔이나 30만 엔 혹은 45만 엔이나 받는 남자는 분명히 부자일 수밖에 없죠.

그러면 즉시 그 외국인 아내의 가족과 친척 실업자들이 몰려듭니다. 몰려든다는 말이 듣기에 좋지 않을 거예요. 힘 있는 사람이 불행하고 약한 사람을 돕는 것은 사람으로서 당연한 일이므로 그들의 행동을 서로 돕는다는 정신에서 나온 것이라고 쳐요. 때로는 50명, 혹은 70명이나 되는 사람들이 당연한 듯이 그 일본인에게 생활비를 얻으러 오는 경우도 있답니다.

일본에서는 가정 생활이 부부 단위로 이루어집니다. 적절한 교류를 갖는 건 모르지만 친척들을 먹여 살릴 이유는 없다고 아무리 설명해도 아내는 어려운 사람을 돕지 않겠다니 너무나 냉정한 사람이군요, 하며 이해를 하지 못합니다. 특히 일본인 남편이 아내의 고향인 외국에서 결혼 생활을 하는 경우에는 이런 문화적 공세를 피할 수가 없습니다.

"아무리 욕을 먹더라도 하지 않으면 돼요. 그러다보면 일본인을 지독한 수전노로 여겨 받기를 포기하지 않겠어요?"

어느 날 나는 이처럼 심한 말을 한 적도 있습니다. 세상은 많든 적든 악평을 무릅쓰면 얻는 게 많기 때문에, 아예 아내의 친척들에게 철저하게 모른 척하는 게 빠른 해결책이라고 생각했지요.

그러나 그렇게 할 수도 없다고 해요. 일본인 남편이 아내의 친척을 아무리 모른 척해도 막무가내여서 매월 너무나 당연하게 생활비를 받으러 오거든요. 그들은 시간이 남아돌기 때문에 일본인 남편의 월급날 며칠 전부터 와서 받을 때까지 '남의 집'에서 멋대로 먹고 자면서 언제까지고 기다린다는 겁니다. 이런 식이니 모른 척할 수가 없는 거죠.

슈바이처가 아프리카에서 지내는 동안 많은 모순 속에서 끊임없이 모색한 것은 '인간에 대한 인간의 책임'이었다고 책에서 읽은 적이 있습니다. 그것은 결코 그럴싸한 논리만 내세우는 개념이 아니었습니다. 인간이 평등하다면 한쪽만 다른 한쪽에 대해 계속 책임을 질 필요가 없으니까요. 그러나 현실에서의 삶이 꼭 그렇지만은 않습니다.

각자의 생활보다도 남과 깊이 관계하는 것. 그것이 선진국과는 다른 점입니다. 큰 쟁반에 수북이 담은 음식을 모두가 둘러앉아 함께 먹는 식사 방법도 그중 한 가지입니다. 나눈다거나 같은 양으로 여러 개의 접시에 담아서 먹을 줄을 모릅니다. 일종의 '약삭빠른 자가 이긴다'는 규칙인데 어쨌든 관계 자체는 매우 밀접하지요.

아이들이 에이즈에 감염되는 이유

모유 수유가 위험하다면, 분유를 먹이면 되잖아요.

아프리카에서는 에이즈 양성 반응이 나와서 죽음을 피할 수 없게 된 아이들에게는 더 이상 먹을 것을 주지 않는다는 이야기를 앞에서 했습니다.

나는 사실 이런 현장을 본 적은 없습니다. 모두 우리를 도와준 사람들이 작은 목소리로 전해준 현장에서의 보고들이지요. 아프리카의 어머니들이 특별히 비정해서 그런 건 아니에요. 이유는 간단하죠. 다른 건강한 형제들도 충분히 먹일 수가 없기 때문에 살 가망이 없는 아이는 뒤로 밀려나게 되는 것일 뿐입니다. 더구나 에이즈에 걸린 아이들은 입맛을 잃어 먹고 싶어하지 않기 때문에 주지 않는 것이라고 생각됩니다.

나는 죽음을 가까이 둔 에이즈 말기 환자를 많이 만났는데 모두 너무 말라 해골 위에 간신히 피부가 붙어 있는 모습으로 누워 있었습니다. 몸은 한없이 나른한 듯, 내가 마사지를 해주면 끝없이 문질러주기를 바라는 것 같았죠. 간호하는 사람들에게 물으니 다른 증상으로는 심한 설사, 하혈, 끊임없는 기침, 육종, 마지막에는 구토 등이 있고 특히 설사가 심해서 어른은 한 달에 몸무게가 13킬로그램 정도는 금방 빠져버린다고 합니다.

일본 같으면 식욕이 있든 없든 주사약으로라도 영양분을 공급하지만 아프리카에서 수액 주사 같은 의료 혜택은 거의 꿈같은 사치입니다. 우선 수액 자체가 없고 일회용 주삿바늘도 없으며 사회에도 개인에게도 돈이 없으니까요. 선진국에서는 개인에게 돈이 없어도 병을 치료받는 게 당연한 권리라고 생각하지만, 아프리카에서는 돈이 없으면 병원도 가지 못하고 약도 살 수 없다고 생각합니다.

일회용 주사기를 다시 소독해서 사용하는 곳이 많기 때문에 에이즈가 늘어난다고 말하는 사람도 있습니다. 나는 일본 청년들과 함께 아프리카에 갈 때는 꼭 일회용 주사기를 갖고 갑니다. 큰 자동차 사고라도 만나면 그다지 도움이 되지도 않겠지만 그나마 갖고 가지 않는 것은 무책임하다는 생각이 들기 때문입니다. 다행히 주사가 필요한 일은 한 번도 없었어요. 어느 해엔가는 50여 개의 주사기를 중앙아프리카에 있는 극빈국의 국립병원을 방문했을 때 선물로 두고 가기로 했어요. 주사기를 받은 병원장과 사무장은 물론 "고맙다"고 했지만 나는 그때 매우 우울했습니다.

그곳은 기능을 거의 상실한 병원이었기 때문이었어요. 입원 환자는 수백 명이나 되었지만 살풍경하게 방치된 검사실에는 시험관이 열 개 남짓 될까 말까였지요. 수술실 침대는 먼지투성이고요. 복도와 진찰실의 벽은 온통 칠이 벗겨지고 형광등은 대롱대롱 매달려 있고, 검사실 개수대는 타일이 빠져나가 콘크리트가 그대로 드러나 있었지요.

엑스레이 기계는 벌써 몇 년 동안 움직이지 않은 것 같았습니다. 기계가 고장이 난 건지, 필름이 없는 건지. 아마 필름 문제는 아니었을 거예요. 남미의 어느 가난한 나라의 수도에 있는 병원에서 그 나라에 사는 일본계 신부님을 통해 "엑스레이 필름을 가지고 와달라"는 요청을 받고 재단의 젊은이들이 가지고 간 적이 있었습니다. 필름은 일단 부피가 크고 짐을 검사할 때마다 그 취지를 설명해야 하지요. 단순히 필름이 없는 것이 문제라면 이렇게 필름을 가지고 가서 100명이든 200명이든 환자에게 적절한 진단을 해서 생명을 구할 수 있지요.

하지만 아프리카의 병원에서는 기계나 전기 계통의 불편으로 검사 기능이 죽어 있는 경우가 많습니다. 그리고 기계를 지원해줘도 그걸 작동시키는 기술자의 수준도 떨어집니다. 게다가 이렇게까지 깊은 빈곤이 계속되면 무기력해져서 아무도 거기서 벗어나려고 하지 않아요. 몸부림쳐봤자 사방팔방이 막혀 있고 어떻게 할 수도 없다는 것을 알기 때문입니다.

50여 개의 주사기를 선물했지만 나는 그것이 선착순 50명에게 공정하게 사용되리라고 생각되지 않았습니다. 원장이 자기와 절친한 부자 환자를 진찰할 때만 비싼 요금을 받고 사용할 것이니까요. 그렇지 않으면 간호부장이 횡령하거나. 가장 나은 경우라도 그 주사기는 재사용되어 거기서 에이즈 환자 수를 늘리는 원인이 될 수도 있지요. 유리로 만든 옛날 주사기와 달리 일회용 주사기는 재사용할 경우 좋을 것이 하나도 없지요.

나는 에이즈 환자의 자녀가 HIV 양성이 되어 훗날 에이즈 증상이 나타나는지에 대해서 자세히 알고 싶었습니다. 옛날에는 한센병이 불치병이었지만, 내가 한센병을 테마로 한 《인간의 덫》이라는 신문 연재 소설을 쓰기 위해 한센병에 대해 공부했던 1970년경에는 이미 한센병이 '무좀보다 간단히 치료되는 병'이 되어 있었거든요. 그러나 아직 균이 남아 있는 환자가 임신하여 출산을 할 때는 만일의 경우를 대비해 제왕절개로 아이를 낳게 했습니다. 아기가 산도를 지날 때 눈에 보이지 않는 상처를 입을 경우 나균이 그 상처로 들어가는 것을 방지해 아무런 감염 없는 건강한 아기를 받아내기 위해서지요.

프란치스코 수도회의 네모토 아키오 신부님도 남아프리카공화국의 요하네스버그에 있는 에이즈 호스피스 시설에 부임했을 때, 에이즈 환자의 자녀 중에는 HIV 음성도 많을 것이라고 예상했다고 합니다. 그것은 신부님을 비롯한 주위 사람 모두의 강렬한 바람이기도 했지요. 그러나 예상과 달리 어머니를 잃은 고아 대부분은 HIV 양성이었어요.

신부님의 설명에 의하면 이런 고아들은 많은 경우 일곱 살까지도 살지 못합니다. 내가 일하는 해외일본인선교활동원조후원회(JOMAS)가 네모토 신부님의 호스피스 센터를 경제적으로 지원하기 시작하면서 첫 번째로 한 일은 영안실을 짓는 것이었어요. 그리고 영안실을 완성한 직후에 항상 만원이라 입원을 기다려야만 하는 환자를 위해 새로 20침상이 들어가는 병동도 지었습니다. 나는 그 병동 준공식에도 참석했는데 나이도 키도 제각각인 7~8명의 에이즈 고아들의 사진을 1년여 후에 신부님이 가지고 오신 적이 있어요. 신부님은 사진을 보면서 "이 아이도 죽었어요. 아, 그리고 이 아이도…." 하시며 세 명 정도의 아이가 이미 사망했음을 알려주셨습니다.

물론 신부님이 그 고아들을 포기하고 방치한 건 아니었습니다. 신부님은 그중에 오래 살 아이가 있을지 모른다고 기대하며 초등학교 입학에 대비해 유치원을 시작하셨거든요. 유치원 아이들 중에는 늘 함께하던 어머니를 잃고 나서 한 번도 웃지 않은 아이도 있었어요.

어째서 아이들 대부분이 태어날 때부터 HIV가 양성이 되는 걸까? 나는 에이즈가 한센병의 경우와는 너무 달라서 이상했었는데, 어느 날 인도계의 어떤 여성 국회의원이 그 해답을 알려주었습니다. 그녀는 공항의 VIP실에서 약 30분간 나를 만나고 싶다고 먼저 제의를 해왔고, 그때 만난 자리에서 그녀는 나의 오랜 의문을 확실하게 풀어주었습니다.

에이즈 환자에게서 태어난 아기가 HIV 양성이 되는 것은 수유가 원인이

었던 것이었습니다. 지금 일본에서는 가능하면 자녀를 모유로 키우라고 권장하는 상황이지만 아프리카 어머니들은 넘칠 만큼 충분한 모유를 먹이는 것이 자연스러운 습관이에요. 게다가 젖이 별로 나오지 않아도 분유를 살 경제적 여유가 없기 때문에 어쩔 수 없이 모유에 의존하게 마련이죠.

나는 이건 꿈에 가까운 바람이라는 것을 전제하면서 "만약에 HIV 양성인 어머니에게서 태어난 아이에게는 수유를 중지하고 모두 분유로 키운다면 이 비극을 막을 수 있을까요?" 하고 물었습니다. 그러자 이 여성의원은 고개를 가로저었어요.

"분유를 타서 먹여야 할 물이 오염되어 있어서 에이즈 증세가 나타나기도 전에 아기는 설사로 죽습니다."

맞는 말이에요. 시골에는 수도가 없거든요. 멀리 있는 우물이나 더러운 샘에서 물을 길어 오기 때문에 설사는 아이가 죽는 매우 큰 원인입니다. 가령 에이즈 환자인 어머니에게서 태어난 신생아에게 모두 분유를 나눠줄 수 있다고 해도, 부모들은 그 우유를 뜨거운 물에 타서 먹여야 합니다. 일본인 부모는 젖병을 끓여 소독을 하고 더운물로 우유를 타요. 물도 가스나 전기 주전자로 끓이기 때문에 우유를 타서 먹이는 일이 전혀 번거롭지 않지요.

그러나 아프리카에서는 고작 200cc의 물을 끓이기 위해 일일이 장작불을 지펴야 하는데, 그 장작 한 묶음 값이 무려 1달러나 하는 곳이 있기 때문에 현금 수입이 거의 없는 사람들에게는 놀랄 정도로 비싼 물건이지요. 당연히 사람들은 아기를 위해 물을 끓이지도 않고 아무 물이나 길어다가 우유를 타주면 된다고 생각할 수밖에 없지요. 그러면 그 물 때문에 아기는 설사를 하다가 목숨을 잃습니다. 에이즈에 감염되는지 안 되는지를 따지기 전에 설사로 죽는다면 하다못해 어머니의 젖을 빨던 기억이라도 만들어주는 게 낫다고 말해야 할 지경이에요. 이것은 나의 악의에 찬 상상이긴 하지만 아주 황

당무계하다고 생각하지 않는 이유는, 설령 우유를 배급해줘도 어머니들 중에는 그것을 부자들에게 팔거나 큰 아이에게 주고 아기에게는 자신의 젖을 먹이는 사람이 반드시 나온다는 거죠. 개발도상국의 비극은 돈만 있으면 해결되는 게 아니라는 것은 이런 면에서도 알 수 있습니다.

이런 아이에게도 생물학적인 아빠는 반드시 어딘가에 있겠지요. 그래서 우리 같은 사람들은 어머니를 에이즈로 잃더라도 아버지가 살아 있으면 절반의 슬픔은 위로받을 수 있지 않을까 생각합니다. 그러나 아프리카나 남미에서는 처음부터 집에서 아버지를 본 적이 없는 아이가 많아요. 남녀관계는 좋은 말로 하면 매우 자유롭고 나쁘게 말하면 방탕하다는 생각밖에 들지 않는 상황이지요. 그것이 많은 가난한 모자가정을 만들고 아이들을 굶기는 생활로 이어집니다.

모자가정이 생겨나는 이유는 각양각색입니다. 한센병에 감염되었다는 이유만으로 남편에게 버림받은 여자를 만난 적도 있어요. 가난한 안데스 산속에서 광산이 폐광하면 아버지는 돈을 벌기 위해 도시로 나갑니다. 뭔가 할 일이 있을까 기대하지만 역시 좋은 일자리는 구할 수가 없지요. 돈을 벌기 위해 집을 떠나온 남자는 차츰 정신적으로 황폐해지고, 외로움을 달래기 위해 싸구려 술을 마시고 아무 여자나 관계하게 됩니다. 먹을 걸 사야 할 돈으로 술을 마시는 것이니 영양 상태는 갈수록 엉망이 되고 결핵에 걸리고 말아요. 그러나 자신의 처지를 고향에 남기고 온 아내에게 알릴 수도 없습니다. 부부가 모두 학교에 다니지 않아서 글을 모르니 편지를 쓸 수가 없으니까요. 그렇게 지내다 보면 남편과 아내는 인연이 끊어집니다. 남겨진 자식들의 시야에서 아버지는 완전히 사라지는 거죠.

홀로 남겨진 어머니는 아이들과 살기 위해 하는 수 없이 매춘을 하게 됩니다. 그런 모자가정의 아이를 기숙사(고아원)에서 맡아 기르는 가톨릭 수녀의 설명에 의하면 대부분의 어머니는 아이에게는 식모로 일한다고 말하지만 사실은 매춘으로 돈을 번다고 해요. 가끔은 아이가 집으로 돌아왔을 때도 손님이 있다고 아이를 단칸방에서 내쫓고 남자와 성행위를 하는 어머니도 있어요.

네모토 신부님이 일하는 남아공의 호스피스 환자 중에도 매춘으로 병을 얻은 젊은 여성이 많았습니다. 교육도 받지 않고 특수한 기술도 갖지 않은 딸들이 돈을 벌려면 매춘 이외에 달리 방법이 없으니까요.

나는 어떤 일을 단순화해서 해석하는 것을 가능한 한 피해야 한다고 생각하면서도 이러한 빈곤한 사회의 매춘은 일본의 원조교제와는 전혀 다르다고 생각합니다. 그녀들은 질병에 걸린 부모, 어린 형제들을 먹여 살리기 위해 매춘을 하거든요. 그런 상황을 '성스러운 것'으로 생각하는 것도 경박하다는 것을 알면서도, 나는 20여 년의 생을 마감해야 하는 여자들의 생애에서 희미한 거룩함을 느끼곤 합니다.

어느 날 요하네스버그의 근교를 버스를 타고 달릴 때 나도 모르게 자꾸 길가의 독특한 광경에 신경이 쓰였습니다.

나는 버스 운전사에게 물었어요.

"어제 이 부근에서 무슨 큰 자동차 사고가 있었나요?"

"아니오. 왜 그렇게 생각하십니까?"

"바로 옆 공터에 나란히 있는 10기 남짓한 무덤의 흙이 아직 젖어 있더군요. 그러니까 하루에 10여 명이 사망한 거겠죠?"

비석도 없이, 젖은 봉토가 공터 한 귀퉁이에 볼록볼록 솟아 있는 그곳이 왜 자꾸 신경이 쓰였을까요?

"아, 여기는 탄광촌이거든요. 하루에 10여 명의 노동자와 창녀들이 에이즈로 죽는 건 종종 있는 일입니다."

네모토 신부님이 처음에 우리에게 오셔서 자금을 지원해달라고 한 것은 영안실을 짓기 위해서였습니다. 그때까지 호스피스 센터에는 약 30개의 침상이 있을 뿐이었죠. 그래서 환자가 숨을 거두면 시신을 하얀 천에 싸서 가족이 인수하러 올 때까지 그대로 침대에 두는 수밖에 없었어요. 신부님은 그 모습이 너무나 불쌍했고, 옆 침대의 환자에게도 충격을 주는 일이라서 어떻게든 다른 건물을 지어 영안실을 마련하고 싶다고 부탁하셨습니다. 그 사업을 위한 건설비 220만 엔이 우리가 처음으로 남아공에 지원한 원조였습니다.

몇 개월 후 나는 남아공으로 가서 신부님의 주선으로 영안실 준공식에 참석했습니다. 단순한 칸막이 구조로 된 별채 건물을 상상했었는데 완성된 것은 시신 8구가 동시에 들어가는 훌륭한 냉장고였습니다. 우리가 '놀라운 은총(Amazing Grace)'을 노래하며 준공식을 하고 있는 곳에서 30미터도 떨어지지 않은, 햇살 좋은 마당 한쪽 파라솔 아래에는 겉으로는 건강해 보이는 젊은 여성 환자가 앉아 있었어요. 뜨개질을 하는 부인도 있었어요. 그녀가 죽기 전에 그 뜨개질이 완성될지 어떨지는 알 수 없지만 그래도 열심히 바늘을 놀리고 있었습니다. 신부님의 설명에 의하면 이곳에 들어오는 환자들 대부분은 일주일도 채 살지 못한다고 해요. 입원한 당일 숨을 거두는 사람도 적지 않다고 합니다.

이 영안실은 그 후에도 한 달에 30명 이상의 사망자를 맞이했습니다. 매일 한 사람씩은 죽는다는 계산이에요. 가장 많은 날은 하룻밤에 아홉 명이 들어왔는데, 마지막 한 사람은 바닥에 그냥 놓아둘 수밖에 없었다고 합니다.

그후 우리는 이 영안실에 대해 어쩌면 영원히 풀리지 않을 의문에 직면하게 되었습니다. 이 시설이 활발하게 이용된다는 사실을 놓고 돈을 낸 우리는 효과적인 투자라고 해야 할지, 아니면 차츰 사망자가 줄어들어 사용 빈도가 낮아지는 것이 투자로서 성공이라고 봐야 할지, 쉽게 판단을 내릴 수가 없었답니다.

우리는 그걸로 만족했습니다. '돈을 내길 잘했다'고 간단히 말할 수는 없지만 어쨌거나 세상이 꼭 필요로 하는 요구에 바로 우리 같은 단체가 응하면 되는 것이니까요.

한편 이곳에는 용납할 수 없는 폭력적 무지가 있습니다. 에이즈에 감염된 남성이 처녀와 성행위를 하면 에이즈가 낫는다는 미신을 믿고 성폭력을 저지르는 사례가 있다는 거예요. 이런 악질적인 미신과 폭력은 아프리카의 지적·도덕적·의학적·경제적 빈곤의 한계를 여실히 보여줍니다.

아이들이 학교에 갈 수 없는 이유

아이들이 돈을 벌여야 하는 일 외에 어떤 이유들이 있나요?

가난한 나라에서는 왜 아이들이 학교에 가지 않는지를 우리는 제대로 생각해본 적은 없는 것 같습니다. '학교가 가까이에 없나요?' 하고 묻는 사람은 학교 건물이 없다는 것을 생각할지언정 설사 건물이 있어도 다니지 못하는 이유가 많다는 건 상상 못하지요.

가장 평범하고 큰 이유는 아이들도 일을 해야 하기 때문입니다. 생계를 위해 거리로 나서거나 어른들의 일을 도와야 합니다. 아이가 가정에서 손님처럼 아무것도 하지 않고 살 수 있는 나라는 그다지 많지 않아요. 1930년대에 태어난 나는 가정 교육의 일환으로 밥 짓는 일, 복도를 걸레로 닦는 일, 장작이나 석탄을 이용해 목욕물 데우기, 현관과 대문 앞을 깨끗이 쓸어놓는 일, 다림질 등 뭐든 했죠. 그러나 이 경우 모두 집안 살림을 돕는 차원이었지요.

개발도상국 아이들은 누구나 가정의 생계를 돕는 데 한몫하고 있답니다. 물론 어린아이니까 많은 돈을 벌 수는 없겠지만 어떤 아이는 고작 두세 마리의 산양을 돌봐야 하기 때문에 학교에 갈 여유가 없습니다. 산양을 키우는

데 지장을 주는 비생산적인 장소, 다시 말해 학교를 뭣 하러 보내야 하는 건지 부모들은 잘 이해하지 못하거든요.

도시 아이들은 그나마 산양을 보살피는 일은 하지 않아도 되지만 이런 아이들도 생업을 위해 푼돈을 버는 일을 해요. 구두닦이, 빵장사, 교차로에서 자동차 창문 닦아주기, 구걸 등이죠.

구두닦이는 구두약과 구두를 닦는 헝겊을 마련해야 하기 때문에 당장 돈이 필요합니다. 빵장사는 큰 쟁반 위에 한 개에 30센트 정도하는 빵을 수십 개 담아서 팔러 돌아다닙니다. 빵을 사는 손님이 없기 때문에 지루한 아이는 머리 위에 쟁반을 이고 친구들과 축구를 하기도 하죠. 그러면 돈을 받고 팔아야 할 빵이 두세 개 길에 떨어지는 일도 있겠죠. 떨어져도 어떻게 할 도리가 없어요. 길바닥에는 말똥도 떨어져 있지만 떨어뜨린 빵을 집어서 옷으로 먼지를 털어 다시 쟁반에 얹습니다. 손님은 그걸 알 턱이 없으니 아무렇지도 않게 사먹곤 한답니다.

위험한 자동차가 달리는 교차로에서 아이에게 장사를 하게 해서는 안 된다는 건 선진국 사람들의 생각입니다. 멈춰 있는 자동차는 구매력이 있는 손님 집단이거든요. 그래서 그들은 온갖 물건을 팔아요. 껌, 신문, 복권, 과일, 환영용 꽃다발 등등. 물건을 매입할 돈이 없으면 구걸도 하지요. 부탁도 하지 않은 창문도 닦아줘요.

구걸은 진지한 돈벌이 수단이기도 하고 때로는 '밑져야 본전'인 놀이이기도 합니다. 가난한 나라에서는 구걸이 인간의 정신을 좀먹는다는 선진국적인 상식을 가진 사람은 별로 없지요. 그러다보니 이른바 선진국에서 태어난 서양인 아이가 아버지가 부임한 벽지에서 지역 아이들과 함께 '벅시시(도와주세요)' 하면서 구걸놀이를 하는 모습을 본 적도 있답니다. 가톨릭 수도회 중에는 수녀들에게 파리나 로마의 대성당 앞에서 구걸을 경험하게 하는

곳도 있다고 들었습니다. 물론 수도회에 들어가기 전에는 구걸 따위를 한 적이 없는 여성들이지요. 구걸은 인간의 원초적인 삶의 수단이고, 현실 생활 속에서 지위나 교양, 재산을 의식하고 조금이나마 오만해지는 자세를 근본부터 무너뜨리고 겸허함을 배우기 위해 경험하는 행위이기도 합니다.

멈춘 자동차의 운전자를 상대로 하는 교차로 장사는 세계에 널리 보급되어 있습니다. 운전자 중에는 자동차 창문을 닦으려는 아이들에게 "필요 없어, 됐다니까! 저리 가!" 하는 몸짓으로 쫓아내는 사람도 있지만, 닦든 말든 내버려두고 창문을 열지 않는 사람, 약간의 푼돈을 던져주는 사람 등등 여러 부류가 있습니다. 착한 사람을 만나면 잠깐의 행복을 맛보고 냉정한 사람을 만나면 세상살이가 만만치 않다는 것을 목덜미가 뜨거워지면서 배울 수 있지요.

학교에 갈 수 있는 사람은 유복한 처지를 타고났거나 남다른 교육열을 갖고 미래의 희망을 기대하는 부모의 자식들뿐입니다. 가난한 나라를 상대로 오랫동안 NGO 활동을 하다보면, 아이를 학교에 보내는 부모들에게 하루 1달러나 50센트를 보상금으로 주면 어떨까 하는 생각도 들곤 해요. 현금 수입이 극히 적은 가정에서는 아이를 등교시킴으로써 벌어들이는 한 달에 10달러, 20달러의 돈은 상당한 도움이 될 테니까요.

그러나 여기에도 문제가 있습니다. 우선 어떻게 하면 이런 돈이 정확하게 부모들의 손에 전달되는가 하는 점이죠. 세상에는 악덕 대통령, 악덕 관료, 악덕 교사, 악덕 의사, 악덕 사회복지사 등 직업을 이용한 사기꾼이 넘쳐나서 가난한 사람에게 가야 할 푼돈을 가로채는 경우도 많기 때문입니다.

조금 더 물리적인 이유를 들어볼게요.

학교에 가지 못하는 최대 이유는 많은 지역에 전차는 물론 노선 버스가 없기 때문입니다.

해외일본인선교활동원조후원회(JOMAS)는 지금까지 여기저기서 학교 건물을 짓는 일에 돈을 냈습니다. 지금도 인도의 뱅가롤 교외, 마다가스카르의 오지, 카메룬의 피그미족이 사는 숲에서 학교 관련 건물 건설이 추진되고 있어요. 오랫동안 그 일을 해오다보면 나 같은 사람은, 문제점을 언급하기도 전에 포기해버리고 싶은 고약하게 약은 인간이 되어가는 걸 느낍니다.

학교 건설을 신청받았을 때 조심할 필요가 있거든요. 설계 시공에 필요한 대략적인 예산을 건네준 뒤에는 반드시 부족한 돈에 대한 청구가 들어와요.

시멘트 가격이 올랐다, 문짝이나 도구를 500킬로미터 떨어진 곳에서 사와야 한다, 대통령이 바뀌어 하수 공사 계획이 백지화되는 바람에 근처까지 하수도가 들어오지 않으니 정화조를 만들어야 한다, 건설위원 가운데 한 사람이 자금 일부를 가지고 도망갔다 등등 참으로 여러 가지 이유가 튀어나옵니다.

드디어 완성을 해도 아직 마음을 놓을 수가 없답니다. 교사의 월급을 대주는 곳이 없다면서 돈을 청구하는 경우는 사립학교에서는 있을 수 있는 일이지만 어떤 나라는 공립학교에서도 그런 이유로 돈을 청구해요. 그 나라 정부는 자국의 교육에 대해 도대체 무슨 생각을 하는지 묻고 싶지만 아무튼 돈이 없으면 아무것도 할 수 없는 실정이에요.

또 아이들이 집에서 제대로 식사를 못해서 학교에 와도 배가 고파 공부에 집중하지 못하기 때문에 급식을 하고 싶은데, 그 설비에 최소한 얼마의 비용이 들고, 급식을 계속하려면 한 끼에 50센트 정도가 필요하다, 이런 식이죠.

이런 고충을 들으면 우리는 거의 예외없이 돈을 내주었습니다. 아이가 공복을 참고 있는 것은 어쨌든 불쌍한 일이지요. 그리고 아이에게 충분한 식사를 줄 수 없는 어머니 또한 불쌍하지요. 1만 엔을 기부하는 사람은 무려 200명이나 되는 아이에게 꿈 같은 만복감을 주는 선행을 하는 셈입니다.

가난한 나라에서는 급식을 한다는 이유만으로 교사 모집도 잘 됩니다. 더구나 "기부금 덕분에 급식을 계속할 수 있어서 학생들의 지능도 올라갔습니다."라는 보고를 받았을 때는 꿈같은 행복을 느낍니다. 그 전에는 식사가 그 정도로 지능과 관계 있다는 사실을 알 기회조차 없었어요. 능력이 있는 아이를 많이 키울 수 있다면 그 나라의 미래가 조금은 좋아질 거라는 믿음도 생기지요.

그러나 인도나 아프리카의 아이들은 학교에 다니는 것 자체가 힘듭니다. 쉽게 이용할 수 있는 대중 교통이 없기 때문에 언덕을 넘어 더운 밭이나 원시림을 지나 1~2킬로미터는 당연하고, 때로는 4킬로미터나 걸어야 하는 아이도 있어요. 어린아이에게 왕복 8킬로미터의 길은 너무 힘들죠.

가까워도 학교에 가지 못하는 다른 이유도 있습니다. 근처에 탄광이 있거나 빈민굴 안에 통학로가 있으면 여자아이는 위험해서 보낼 수가 없다는 거예요. 나는 빈곤이 남자들의 성욕을 절제하지 못하게 만든다고 생각한 적도 있습니다.

우리가 어떤 지역에 학교를 세우면 거의 동시에 기숙사를 지어달라는 요구를 많이 받았습니다. 20~30명이 생활하는 기숙사는 200~300만 엔이면 지을 수 있답니다. 청소하기 편한 타일 바닥에 화장실과 물만 나오는 샤워기를 사용할 수 있는 욕실도 만들 수 있어요. 세탁장은 옥외인 경우가 많아요.

가구는 거의 없어도 됩니다. 기숙사에서 모두가 모여 이야기를 들을 때는 네모난 안마당을 에워싸는 복도와 땅바닥 사이의 턱이 의자를 대신하거든요. 잘 때는 바닥 위에 돗자리를 깔아요. 간단한 침구는 둘둘 말아 방 한쪽에 놓아두면 됩니다. 식사도 바닥에 접시를 놓고 먹으니까 식당에는 반드시 식탁과 의자가 필요하다고 생각하지 않지요.

우리는 싸고 편리한 대중 교통이 지방 구석구석까지 발달한 것이 얼마나 귀중한 혜택인지 평소엔 잘 몰라요. 따라서 감사하는 마음도 거의 갖지 않지요. 수녀들이 본국에서 살던 감각으로 부임한 나라를 위해 시간을 아껴 일을 하려면 우선 오토바이나 작은 자동차가 필요합니다. 마을과 마을 사이에 버스가 다니기도 하지만 그것도 하루에 두세 번. 더구나 정해진 시각에 오는 버스는 거의 없어요. 10분이 늦을지 30분이 늦을지 한 시간 후에 올지 아무도 몰라요. 지붕이 덮인 버스 정류장이 있는 것도 아니기 때문에 수녀들은 불꽃처럼 뜨거운 햇살 아래 나무그늘에서 언제 올지 모르는 버스를 꼼짝 않고 기다려야 합니다. 이것은 일본에서는 체험한 적이 없는 '고문'에 가까운 시간 낭비처럼 여겨지지요. 수녀들은 그런 가운데서도 자신을 타이르곤 합니다. "이나마 버스 노선이 전혀 없는 것보다는 낫잖아."라고. 그래도 무턱대고 기다려야 한다는 건 괴로운 일입니다.

그러나 다행히 교육이 필요하다는 개념은 일반인들에게도 널리 확산되고 있습니다. 지금부터 7~8년 전 인도의 공업 도시에서는 불가촉천민의 아이들을 학교에 보내지 못하는 것이 문제였어요. 학교 건물도 부족하고 부모의 경제 상태도, 교통 사정도 취학을 방해했지요. 그래서 인도에 거주하는 예수회 신부님들을 통해 불가촉천민의 학교를 만들어야 하니 도움을 달라는 요구가 우리에게 들어왔답니다.

학교를 세우기 위해 땅을 사고 건물을 지으려면 엄청난 돈이 필요합니다. 하지만 아이들을 취학시키겠다는 대전제를 무너뜨릴 수는 없죠. 신부님들은 토지와 함께 팔려고 내놓은 야자유 공장을 사들여 그 건물을 이용해 학교를 시작할 계획을 갖고 있었습니다. 내가 물었죠.

"그건 좋은 일이지만, 만약 신부님들의 계획이 순조롭게 진행되어 로욜라 스쿨(예수회의 창시자가 이냐시오 데 로욜라이기 때문에 예수회가 만드는 학교는 대부분 그 이름을 씁니다.)의 평판이 좋아지면 교육열이 높은 이웃의 인도사람들이 모두 아이들을 로욜라 스쿨에 넣고 싶어하고, 그러면 불가촉천민이 배제되지 않을까요?"

일본에서는 자주 보는 사회 현상이기 때문이지요. 예수회가 경영하는 고등학교가 도쿄대, 게이오대 진학률이 높은 명문 학교가 되자 이웃 도시에서까지, 그리고 가톨릭이 아닌 가정에서까지 아이를 보내는 상황이 되었죠.

"그런 일은 절대 없을 겁니다."

신부님의 대답이었습니다.

"어째서요?"

내가 다시 물었습니다. 진짜 소외된 사람들에게 교육의 기회를 주고 싶다는 계획이 어긋나면 곤란하니까요.

"불가촉천민 이외의 사람들은 절대로 자신의 자녀를 더 낮은 계급의 자녀들과 같은 학교에서 교육시키려고 하지 않습니다. 그러니까 불가촉천민 자녀의 학교에는 불가촉천민의 자녀밖에 오지 않을 겁니다."

인도에는 공식적으로는 계급의 차별이 없는 걸로 되어 있다고 해요. 그러나 그것은 겉모습일 뿐 사실은 굳건한 계급 의식이 사회 구조를 단단히 묶어 놓고 있지요. 옛날에 나는 인도에서 한센병 공부를 할 때 그곳 실정을 많이 알고 있었지만, 호텔이나 레스토랑의 요리사는 가장 위의 계급인 승려 출신 자로 정해져 있다는 이야기를 듣고 깜짝 놀란 적이 있었어요.

"왜 그렇지요?"

제사 의식을 집행하는 직무라면 모르지만 어째서 요리사가 승려 계층이어야 하는 건지 나는 얼른 이해가 되지 않았거든요. 그러나 설명을 듣고 보니 이해하기도 어렵지 않았어요. 그것은 승려 계층이 자기보다 아래 계층의 사람이 만든 음식은 부정하다는 이유로 입에 댈 수 없다고 여기기 때문이었습니다. 불가촉천민의 자녀를 위한 학교도 그런 이유에서 우리의 희망을 무너뜨리지 않았죠.

또 인도에서는 '론 샤크'라 불리는 고리대금이 횡행하여 그 희생양이 된 아이들이 먼 지역에 농노처럼 팔려가 학교에도 가지 못하고 노동을 강요당하는 일도 있습니다. 하지만 이러한 상황에 최근 조금씩 희망의 불빛이 번지고 있다고 합니다. 여자들이 남자들보다 견실한 것은 인도 사회에서도 마찬가지인가봅니다. 돈에 쪼들릴 때에는 고리대금업자의 돈이 아니라 마을과 주민들 사이에서 갹출한 돈을 빌리는 방법이 채택되기 시작했지요. 이자가 매우 낮고 아버지뿐 아니라 어머니도 승인한 빚은 제대로 갚는 경우가 많다고 하니까요. 그렇게 하면 아직 키가 다 자라지 않은 장남이 글씨도 쓸 줄 모르는 사람이 되는 비극도 줄어들 테지요.

2부

빈곤 속 뿌리 깊은 모순

피부색에 의해 고착화된 가난과 차별

인종에 따른 현실의 차이는 어느 정도인가요?

　나는 몇 년 동안 해마다 남아공의 요하네스버그에 다녀왔습니다. 요하네스버그 교외의 복스버그에 자리한 에이즈 호스피스 병동 세인트 프란시스 케어센터에 해외일본인선교활동원조후원회(JOMAS)가 자금 지원을 한 이상, 신청한 건물이나 설비가 확실하게 완성되고 그 후에도 효과적으로 사용되고 있는지를 '감사(監査)' 하기 위해서입니다. 물론 우리는 그곳에서 환자와 함께 생활하는 네모토 아키오 신부님으로부터 사업 신청을 받아 자금을 제공하기 때문에 '감사' 라는 냉정한 행위는 필요 없다고 생각합니다. 하지만 그것은 개인적인 감정이고 기부를 해준 많은 사람의 귀중한 돈이기 때문에 '확실하게 신청 건물은 완성되었습니다. 차량도 들어와 있었습니다.' 라고 말할 수 있도록 몇 명의 인원이 감사에 입회하고 그것을 보고할 의무가 있답니다.

　요하네스버그에서는 늘 '산탄 시티' 라고 부르는 교외의 쇼핑센터와 호텔이 연결된 '특별 구역' 에 묵는답니다. 이곳은 호텔 상층부에 공중으로 연결된 복도를 통해 광활한 쇼핑센터와 이어지며, 경비원이 여럿 배치되어 있어요. 쇼핑센터 전체가 일종의 개방된 성채(城砦)라서 그곳에서 폭력 사건이라도 일어나면 즉각 센터 전체에 경보가 울리고 문이 닫혀 범인이 도주하지 못한다는 설명을 들은 적이 있죠.

쇼핑센터에는 부티크, 제화점, 초콜릿 가게, 전기제품 가게, 골동품점, 보석 가게, 슈퍼마켓 등의 점포뿐 아니라 레스토랑, 영화관, 은행, 클리닉 등 뭐든지 다 있어서 그곳에서는 어떤 피부색을 가진 사람이라도 안전하게 쇼핑과 식사를 즐길 수 있답니다. 중세의 도시는 모두 외적으로부터 몸을 지키는 성채 도시의 형태인데, 요하네스버그에 새로 생긴 작은 구역인 이곳도 바로 그런 성채였어요.

요하네스버그는 이상한 도시입니다. '스쿠워터 캠프'라는 '빈민 거주구'를 제외하면 깨끗한 공기, 사치스러운 공간, 온화한 자연, 하이웨이나 슈퍼마켓 등의 근대적인 시설과 함께 일본에서는 꿈도 꿀 수 없는 넓은 중산계급의 주택지가 즐비하지만, 시민들은 범죄에 대한 방비를 한시도 게을리하지 않아요.

겉보기의 생활과는 달리 개인이 자신의 안전을 방어해야 한다는 것을 나는 이 도시에서 조금씩 배웠어요. 여자는 낮에도 혼자 거리를 돌아다니지 않는 게 좋아요. 밤이면 주택지에는 자동차 왕래조차 없어집니다. 교차로에서 멈췄을 때 볼일이 있다는 듯이 사람이 다가와도 절대로 창을 열어서는 안 되요. 그 사람이 강도일 가능성이 크기 때문에 가능한 한 빨리 떠나야 한다고 우리는 주의를 받곤 했어요.

유복한 일본인 주재원은 크게 두 가지 형태로 생활하고 있었습니다.

하나는 경비 시설이 잘 된 맨션에 사는 경우예요. 맨션이 아닌 주택은 몇 채부터 수십 채에 이르는 주택 전체를 높은 울타리로 에워싼 곳도 있어요.

또 한 가지 방법은 이른바 저택 전체를 요새화하는 거예요.

회사에서 빌려주는 개인 주택을 경비하는 방법은 내 상상을 초월하는 것이었습니다. 울타리 위에 철조망을 치고, 야간 경비원을 두고 마당에는 몇 마리의 셰퍼드와 도베르만을 풀어놓아요. 이중, 삼중으로 되어 있는 셔터는 마지막 저항선으로써 2층 침실로 올라가는 계단 위에도 있고, 집에 따라서는 2층에도 따로 사나운 개가 지키는 경우도 있어요. 이 개는 경찰훈련학교에서 교육을 받았다고 하는데, 내 악의와 억측으로 가득 찬 관찰에 의하면 분명 흑인에게 이를 드러내도록 훈련되었다고 말하지 않을 수가 없습니다.

불확실하긴 해도 내가 그렇게 생각한 근거는 다음과 같은 일화 때문입니다. 어느 날 나는 지인인 일본인의 집을 방문했는데, 그곳에서도 저택 안에 개를 풀어놓았고 나는 차에서 내리자마자 셰퍼드의 공격을 받았습니다. 개의 다리가 내 어깨까지 닿자 나는 목을 물릴 것 같은 공포에 몸이 굳어버렸지만 개는 내 볼을 핥기만 할 뿐 아무 짓도 하지 않았어요.

그 개가 매일 그 집에 드나드는 흑인 운전사에게는 당장이라도 물어뜯을 것처럼 덤벼든다는 이야기를 나는 그 집 부인에게 들은 것도 같고 돌아오는 길에 운전사 본인에게 들은 것도 같아요. 아무튼 만약 그렇다면 개는 피부색을 보고 공격하도록 훈련받았다고밖에는 생각할 수가 없거든요. 대놓고 그런 이야기를 하는 사람은 아무도 없었지만요.

이 이야기를 일본에 돌아와서 했더니 남편은 "당신 피부가 검은 편이라 개가 달려들었을 것"이라는 거예요. 그래서 나는 "달려들고 보니 의외로 흰 피부였기 때문에 핥기만 했던 것"이라고 받아쳤는데, 이 일본인 부부는 "흑인에게만 덤벼들도록 개를 훈련해서 보내주세요." 하고 요구할 사람들이 절대 아니었거든요. 집 지키는 개가 어떤 능력을 갖춰야 하는지를 결정하는 것은 현지의 맹견 훈련소니까요.

아무튼 아무도 믿을 수가 없다고 합니다. 야간 경비원을 고용하고는 있었지만 경비원이나 하녀가 도둑과 내통하는 경우도 종종 있기 때문에 안심이 되지 않는 거죠.

그래도 아직 남아공에서는 코트디부아르처럼 개인 자동차에 방탄 방패가 실려 있는 것을 본 적은 없었습니다. 코트디부아르에서 자동차를 강탈당했을 때는 운전자가 몰래 방범 장치 단추를 누르고 나서 양손을 치켜들고 차를 넘겨줘요. 그때 그 자리에서 연료가 떨어지기라도 했다가는 총에 맞아 죽죠. 그래서 차는 몇 킬로미터 달린 뒤에 갑자기 연료가 나오지 않게 장치가 되어 있다고 해요. 즉 차를 국경 밖으로 가지고 나갈 수 없도록 장치를 해놓는 거예요. 남아공에서는 그런 이야기까지는 들은 적이 없습니다.

네모토 신부님과 다른 프란치스코 수도회 신부님들이 복스버그 교외에 중산층이 살 정도의 방 몇 칸짜리 집을 사서 침실에 침대를 놓고 약 30개 병상의 호스피스 병원을 개업했답니다. 개업이라고는 하지만 물론 입원환자는 무료죠. 받고 싶어도 돈을 지불할 수 있는 사람들이 아니니까요.

네모토 신부님이 JOMAS에서 영안실 건설비를 받아 돌아간 후에도 우리에게는 아직 일이 남아 있었습니다. 30병상으로는 호스피스 병동이 부족해서 본채 옆에 20병상의 병동 한 채를 세웠거든요. 남아공의 겨울은 추운 데다가 몸이 야위어 추위를 심하게 타는 환자를 위해 그 새로운 병동을 따뜻하게 할 난방 장치, 직원을 수송하거나 환자와 자녀들을 데리고 소풍을 가기 위한 벤츠 중형 버스, 언덕 위까지 펼쳐진 캠프 끝에 있는 가난한 집까지 환자를 데리러 가기 위해 언덕을 오를 수 있는 강력한 사륜구동 자동차도 필요하다는 요구가 들어왔어요. 환자는 온몸이 아파 걸을 수가 없어요. 휠체어에 태운 채 사륜구동에 싣는 것이 고작이죠. 우리 조직은 그 요구를 하나하나 해결해나가기로 했습니다.

HIV 양성 환자가 몇 년이 지나야 발병하는지는 아직 확실하게 밝혀지지 않았다고 해요. 그러나 환자들은 네모토 신부님에게 오기 전까지는 괴로운 생활을 할 수밖에 없는 형편입니다. 우선 말라리아에 쉽게 걸려 일을 할 수가 없게 됩니다. 몸이 야위고 기침이 심해지며 설사가 끝없이 계속되요. 감염을 두려워하는 남편은 물론 부모에게도 버림받는 환자도 많죠. 낳아준 어머니조차 병을 두려워하여 도망가곤 하니까요.

한 번은 죽음을 맞이할 때가 된 환자의 집을 방문한 적이 있습니다. 방이 두세 개 있는 그저 그런 단독 주택이었는데 해골에 피부만 겨우 붙어 있는 야윈 어머니는 수명이 며칠 남지 않았다는 선고를 받은 상태였어요. 사정을 아는지 모르는지 집 안에는 두 아이가 있었습니다. 사회복지사가 보살펴주고 있었는데 아이들의 어머니는 일어나서 식사 준비를 할 만한 기력조차 남아 있지 않은 것 같았지요.

나는 그 어머니에게 돈을 얼마라도 쥐어주고 싶었어요. 직접 주고 싶었던 이유는 아무리 사회복지사라도 누군가를 통해 준 현금이 확실하게 전달될지를 이곳에서는 믿지 않는 것이 상식이기 때문입니다. 나는 버스 안에서 동행한 젊은 관료들과 언론 관계자들에게 과자를 갖고 있느냐고 물었어요. 다행히 사탕과 초콜릿을 가진 사람이 몇 명 있어서 그것을 모아 작은 선물 주머니를 만들었습니다. 겉으로는 아이들에게 과자를 전해달라고 하면서, 작은 목소리로 안에 돈이 들어 있다고 병든 어머니에게 속삭였어요.

그녀는 해골 같은 얼굴로 희미하게 미소를 지었답니다. 그야말로 살가죽이 웃는 표정이었어요. 아무것도 해줄 수 없는 나는 그녀에게 남겨진 수십 시간 중에 몇 초만이라도 작은 기쁨을 줄 수 있다는 것으로 만족해야 했습니다. 나중에 생각해보니 그때 이 환자를 돌보던 뚱뚱한 사회복지사 부인은 성실하고 유머가 있는 좋은 사람이었어요. 환자 중에는 식구들이 도망가고 난

뒤에 피가 섞인 설사를 하면서 몸을 씻지도 못하고 방치되는 경우도 있는데, 그녀는 그런 사람들을 씻기고 안심시켜주었거든요. 그녀는 '10여 명의 여성과 용감한 신사 한 분'이 이 일을 하고 있다고 말하면서 웃었어요.

세인트 프란시스 케어센터도 항상 청결하게 관리되고 있었습니다. 설사가 심한 환자들이기 때문에 만약에 청소 상태가 좋지 않았다면 병실마다 붙어 있는 화장실과 세면실에 악취가 배어 빠지지 않았을 거예요. 내가 살펴보러 온 것이 바로 그런 부분이었는데, 그곳은 내가 입원을 해도 되겠다고 생각할 정도로 항상 청결하게 유지되고 있었습니다.

어느 날, 사무실 건물에서 보니 마당 저쪽에서 관을 실은 이동 침대가 병동으로 들어가고 있었어요. 사망자가 나왔나 싶어 병동 쪽으로 걸음을 옮기다가 세인트 프란시스 케어센터에 갈 때마다 만나는 낯익은 백인 부인과 마주쳤어요.

변호사 부인인 그녀는 HIV 양성인 아이를 양자로 데려다 집에서 키우고 있었는데, 우리가 가면 항상 부인회 사람들과 센터 식당에서 가정식을 준비하여 식사를 대접해주곤 했어요. 양자로 삼은 병든 아이는 내가 아는 한 아홉 살까지는 살아 있었어요. 네모토 신부님이 늘 말씀하셨듯이 보통 아이라면 학교에 갈 나이가 되기도 전에 죽었을 텐데 따뜻한 가정에서 사랑을 받으며 자라니까 수명이 연장되는 것 같아요. 이 사람들은 돈도 있고, 교양도 있었기 때문에 병의 증상을 막는 예방약을 매일 정확하게 먹이고 약의 반응에 따라 적절한 의학적 대처를 해주었겠지요.

그 부인은 "지금 한 분이 돌아가셨어요." 하며 나를 데리고 병실로 갔어요. 죽은 사람은 2인 병실 입구 침대에 있던 사람이었죠. 창가 침대에는 백인 청년 환자가 있었고 옆에 어머니인 듯한 사람이 앉아 있었는데, 물론 커튼으로 가려놓은 옆 침대에서 일어난 이변을 알아챘지만 아무 말이 없었어요. 간호사가 사후 처리를 하기 위해 시트를 들치자 빼빼 마른 갈색 장작 같은 시신이 드러났습니다. 임종을 지켜준 가족도 없어요. 주위 사람 모두 말이 없었습니다.

환자가 언제 어떤 모습으로 죽음을 맞이하는지는 분명히 밝혀진 게 없다고 합니다. 의사가 아닌 네모토 신부님의 체험에 의하면 구토가 시작되면 대개 몇 시간 안에 임종을 맞는다고 합니다. 신부님은 환자가 그런 징후를 보이면 케어센터를 떠나지 않아요. 인간을 혼자서 영원한 여행길로 떠나보내고 싶지 않아서겠지요. 살아 있는 사람이 여행을 떠나도 배웅하는 사람이 있으면 덜 쓸쓸하잖아요.

그날 나는 그 부인과 함께 누군가의 죽음 따위는 아랑곳없다는 듯 환한 호스피스 병원 마당을 걸으면서 몇 가지 현실을 배웠습니다.

우연히 그날만 그랬는지도 모르지만 세인트 프란시스 케어센터에 입원한 50여 명에 가까운 환자들 중 백인은 단 한 명이었어요. 인종 차별을 하기 위해서가 아니고, 인종에 따른 현실의 차이를 연구하기 위해 이런 사실은 정확하게 전해야 한다고 생각합니다.

백인인 그 젊은 남성 환자는 케이프타운 사람이었어요. 죽은 사람 옆 침대에 있던 환자인데, 친어머니가 옆에 있다는 사실에 나는 안도감이 들었지요. 환자는 약간 지능이 떨어지는 청년이라고 했습니다. 장애를 갖고 태어난 아들이 젊은 나이에 에이즈로 죽어가다니 아들을 떠나보내는 어머니의 마음은 얼마나 괴로울까요. 하지만 어머니가 옆에 있어준다는 것만으로도 그의 비참함은 조금이나마 위로가 되었을 겁니다.

그날 나는 새로운 사망자를 위해 우리 JOMAS가 세운 영안실 안으로 들어갔습니다. 기도를 바치기에 적절한 조용한 장소였지요. 꽃도 꽂혀 있었어요.

그날 '안에 있던 사람'은 새로운 사망자를 포함하여 두 명뿐이었습니다.

한 달에 침대 수만큼 혹은 매일 한 사람씩 사망자가 나온다고 하면 50병상인 호스피스에서 하루 사망자가 두 명이라는 것은 '보통' 범주에 들어가는 건지도 모릅니다.

냉장고 안의 시신은 아직 하얀 천에 싸인 상태였습니다. 유족이 올 때까지 그렇게 기다리죠. '오면 다행'이라는 생각은 누구나 하는 것 같았어요. 시신을 수습하러 오지 않는 가족도 그리 드물지는 않다고 해요.

죽은 사람이 남긴 개인 물품은 시신 발치에 놓아두었다가 가족에게 전해주는데, 먼저 영안실로 온 사람의 유품은 작은 종이 봉투와 플라스틱 머그컵 하나였습니다.

알려지지 않은 빈곤을 찾아서

구호 활동의 세계에도 유행이 있다면서요?

산타크루즈는 볼리비아에서 두 번째로 큰 도시인데 고층 빌딩도 없고 번쩍거리는 점포가 즐비한 번화가도 없습니다. 한적한 지방 도시 같은 느낌이죠. 수도 라파스에는 간 적도 없는데 나는 느닷없이 이 지방 도시와 깊은 관계를 맺게 되었습니다. 그곳에 일본인 구라하시 데루노부라는 신부님이 살레시오 수도회에서 오랫동안 지내고 있었기 때문이지요.

구라하시 신부님은 우리가 '사목'이라 부르는 교회 업무로 늘 바빠요. 미사를 집전하고 고해성사를 해주고, 세례식과 견진 준비를 하면서 환자를 방문하고, 치유의 기적을 베풀고 결혼식과 장례식의 주례를 맡으십니다. '다이오시스'란 일본에서는 소교구를 가리키는 말인데 구라하시 신부님의 다이오시스는 도저히 '소' 교구라고 할 수 없었어요. 신자가 6만 명이나 되었으니까요.

그 6만 명은 자녀가 많은 가난한 신자들입니다. 일본사람은 일요일이 되면 접대 골프를 치러 가거나 짧은 여행을 계획하기도 하고, 아니면 일주일 치의 장보기 등으로 분주하지만, 이곳의 신자 가정은 일요일이 되어도 놀러 갈 데도 없거니와 돈도 없습니다. 그래서 교회에 가느냐 하면 반드시 그렇지도 않아요. 교회는 하느님과 만나는 영광의 자리이자, 입장권을 사서 음악회에 가는 일 따위는 생각도 할 수 없는 가난 속에서 유일하게 사치스러운 '생음악'을 들을 수 있는 장소죠. 그리고 여자아이들은 가장 예쁜 옷을 자랑할 수 있는 자리이고(자랑할 옷이 있으면), 첫영성체를 할 때는 빌려서라도 새색시 같은 하얀 옷을 입을 수 있는 화려한 자리이기도 해요.

구라하시 신부님은 없어서는 안 될 '중개인' 이었어요. 하느님과 인간 사이의 '중개인' 역할이 바로 사목이 하는 일이지요. 또 하나는 매일같이 일어나는 마을의 문제들 중에서 약간의 돈과 배려로 해결할 만한 문제가 있으면 그것을 머나먼 일본인인 우리에게 주선하는 '중개인' 이기도 했어요.

우리는 구라하시 신부님을 통해 두 명의 이탈리아인을 알게 되었는데. 빈센테 부르네리 신부님과 옥타비오 사바딘 신부님입니다.

이 두 사람이 어떻게 볼리비아에서 평생을 바치게 되었는지를 나는 구라하시 신부님을 통해 알게 되었죠. 이 두 신부님은 이탈리아어와 스페인어밖에 할 줄 몰랐기 때문이에요. 나는 깊은 존경과 반가움을 갖고 매번 두 신부님을 만나곤 했는데, 두 분 모두 나와 직접 이야기를 할 수 없어서 답답해했지요.

이 두 이탈리아 신부님은 25년 전 로마 교황청 산하 살레시오 대학에서 볼리비아인 티토라는 우수한 신학생과 동창이 되었어요. 티토는 빈센테와 옥타비오에게 자기 조국의 발전을 위해 볼리비아에서 일을 해주지 않겠느냐고 부탁했습니다. 급기야 두 명의 우수한 젊은 신부님은 깊은 뜻을 품고 볼리비아의 산타크루즈에서 일해달라는 동창생의 부탁에 동의했지요. 그러면서도 젊은 빈센테 신부님은 신학자로서의 길은 어디에 있든 해나갈 수 있다고 생

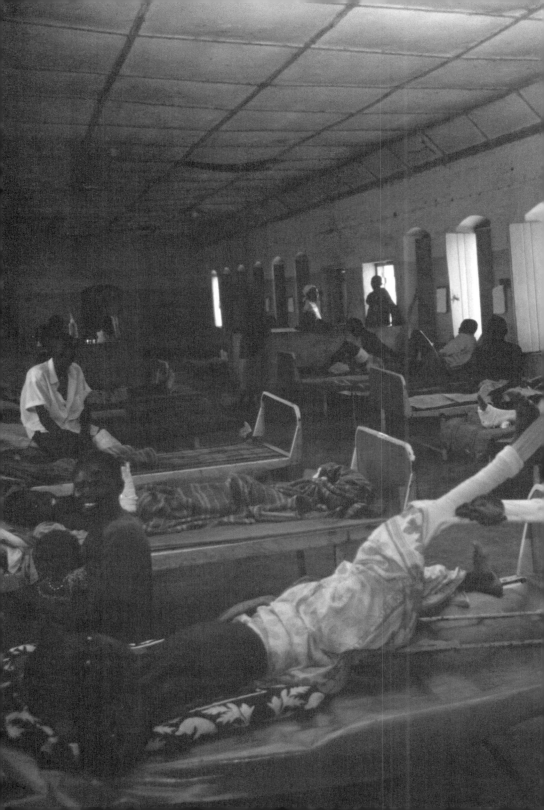

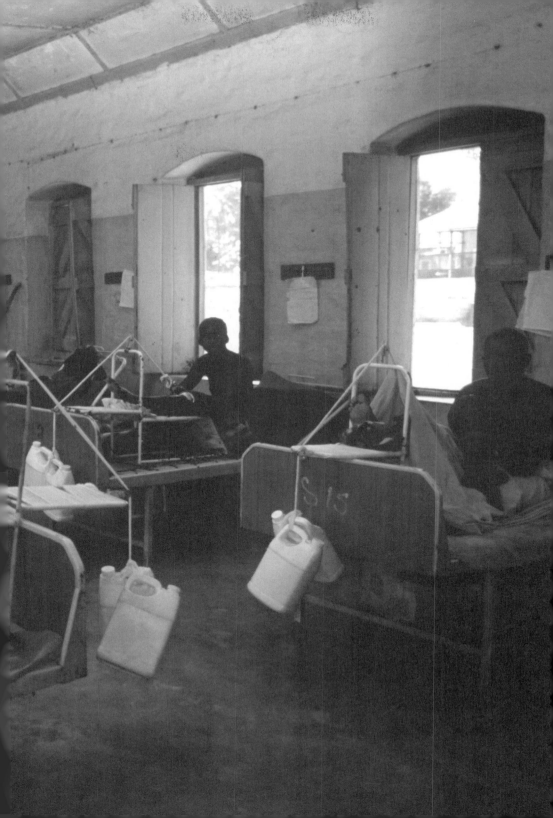

각했다고 해요. 다시 말해 학문을 버릴 생각은 없었던 거죠.

우리 집에도 벌써 10여 년 전에 보내온 사진이 한 장 있습니다. 사진 속에는 코와 눈매가 시원스러운 10대 중반의 소년이 침대에 누워 있고, 발치엔 안경을 낀, 언뜻 보기에도 신학자풍의 빈센테 신부님이 앉아 계세요. 사진은 소년이 죽기 한 달 전에 찍은 것이었어요.

빈센테 신부님은 어느 날 마을에서 쇠약해져서 몸을 움직이지 못하는 소년 한 명을 만났어요. 결핵 말기였는데 아무도 보살펴주는 사람이 없었지요. 돈도 없고 고아나 다름없는 처지였거든요.

신부님은 그 아이를 자기 수도원에 데리고 왔습니다. 수도원도 가난했기 때문에 소년이 따로 머물 만한 방이 없었죠. 신부님은 침대를 소년에게 내주고 자기는 그 발치쯤의 바닥에서 잤어요. 사진 속의 소년은 한 달 후에 숨을 거두었답니다.

그 사진은 죽기 전 마지막으로 보낸 짧지만 편안한 나날의 증거랍니다. 마더 테레사가 마른 쇠똥과 사람들이 버린 쓰레기와 썩은 음식 찌꺼기가 한데 어우러져 먼지가 되어 풀풀 날아다니는 캘커타 거리 한 모퉁이에서, 시체로 오인할 정도의 몰골로 쓰러져 있는 사람들을 수용하던 초기 시대에는 거리에서 데리고 온 사람들 중 50퍼센트가 다음 날 사망했다는 뉴스가 보도된 적이 있어요. 그 뉴스를 보고 어떤 사람은 "어차피 죽을 사람인데 왜 소용없는 짓을 하는 거야!"라고 말하는 것을 들은 적이 있는데, 바로 이 말에 마더 테레사가 의도한 사업의 목적이 있습니다.

그것은 인간을 동물로 여기는지, 혹은 영혼을 가진 존재로 여기는지의 차이거든요. 극도의 영양실조나 질병으로 위기에 빠진 사람이 마더 테레사의 시설에 받아들여져서 비록 하루밖에 살지 못하더라도, 마더는 그들에게 하루만이라도 인간으로서의 존엄성을 되찾아주는 데 성공했던 거예요. 나는 마더 테레사가 만든 캘커타의 시설을 방문했을 때, 환자가 오면 몸을 씻긴 뒤에 깨끗이 빨아놓은 옷을 입히고 음식을 주는 것을 보았습니다. 지역에서 얼마든지 수확할 수 있는 부드럽게 익은 망고 열매가 급식으로 나왔던 것이 기억납니다. 자원 봉사자인 북유럽 사람 중에는 노인에게 볼을 비비는 사람도 있었어요.

나에게 보이기 위한 행동이 아니었어요. 아픈 사람은 부드러운 감촉을 느끼면서 조금 전까지의 위기와 괴로움에서 벗어났을 겁니다. 인생에서 단 한 번이라도 그런 경험을 하면 자신의 인생이 마지막까지 쓰레기 같았다고 생각하면서 죽어가지는 않을 것입니다.

빈센테, 옥타비오 두 신부님은 결국 신학 연구자가 되는 길을 포기했습니다. 바로 눈앞에 지금 당장 구제하지 않으면 목숨을 잃을 정도의 긴급한 빈곤이 있었기 때문이죠.

내가 두 분 신부님을 처음 만났을 무렵부터 주된 문제는 안데스 산지에 사는 인디오였어요. 산에는 수입이 될 만한 일거리가 없거든요. 산타크루즈 같은 도시에라도 내려가면 어떤 일이든 있지 않을까 싶어 고향을 나와요. 그래서 그들이 가족으로부터 떨어지고 익숙지 않은 도시에서 무리한 노동 생활을 할 수밖에 없죠. 그 결과 질병에 걸리는 악순환에 대해서는 앞에서도 썼던 대로입니다.

결핵 증세가 나타나면 급성인 기간만큼은 어떻게든 병원에서 보살펴줍니다. 그러나 병원으로서도 너무 오래 머물게 할 수가 없어서 환자들에게는 퇴원한 후가 문제죠. 당장은 일을 할 만한 체력이 아니라서 이른바 요양 기간이 필요하거든요. 그러나 '빈둥빈둥' 놀며 체력이 회복되기를 기다리게 해주는 사치스럽고 편안한 시설은 어디에도 없어요.

빈센테 신부님은 그런 사람들이 가벼운 작업을 하면서 스스로 살아갈 재활 작업장을 만들고 있었어요. 작은 직물, 주머니 같은 것을 만들어 파는 거죠. 분홍, 초록, 빨강, 파랑, 검정, 노랑 등을 대담하게 사용한 볼리비아 색채를 살린 특산품이었어요.

빈센테 신부님은 나를 안내하여 작업장을 보여준 다음 입소자들을 위한 식사에도 초대해주었습니다. 식당은 포도나무 덩굴 아래 설치된 옥외에 있었지요. 햇살이 나뭇잎 사이로 무늬를 만들며 비쳐드는 공간에는 20여 명이 둘러앉아 먹을 수 있는 깔끔한 식사가 준비되어 있었답니다. 환자들은 말없이 자리에 앉았지만 거기서도 다시 인종적 차이가 명확히 났어요. 환자 대부분은 인디오이고 백인은 겨우 한두 명밖에 없었으니까요.

음식을 만드는 사람은 빈센테 신부님의 숙모였어요. 이탈리아에서 조카의 일을 돕기 위해 머나먼 곳까지 와서 이 많은 환자의 식사 시중을 들고 있었죠. 그야말로 숙모님 파워라고나 해야 할 따뜻한 지원이었죠. 그녀의 부엌일을 돕기 위해 얼마 전에 미혼모가 된 여성을 고용하고 있었어요. 아기는 조리장 한 귀퉁이에 놓인 바구니에 담겨 있었죠. 모두 지나가면서 아기에게 한 마디씩 건네며 아는 척을 하고, 아기는 엄마 얼굴을 계속 볼 수 있었기 때문에 만족스러운 표정으로 잠들어 있었어요.

나는 신부님들과 같은 식탁에 앉았습니다. 그런데 그 식탁에는 자리 하나가 더 비어 있었죠.

"한 분이 더 오시나요?"

나는 통역을 해주는 구라하시 신부님께 물었어요.

"아니오. 오실 분은 없습니다. 이건 이탈리아의 습관이라고 합니다. 언제 손님이 올지 모르기 때문에 항상 식사 자리 하나를 비워두는 거예요."

그때처럼 간절하게 앞으로 우리 집에서도 그런 습관을 만들어야겠다고 생각한 적은 없었어요. 갑자기 찾아온 사람도 자리가 있으면 그다지 미안해

하지 않고 식사를 하고 돌아갈 수 있으니까요. 이것은 말하자면 보이지 않는 하느님의 자리였던 거죠. 하느님은 항상 그 자리에 자기 대신 배고픈 사람을 초대하실 것입니다.

두 분 이탈리아 신부님이 마주한 빈곤은 아마 한 번도 언론의 조명을 받은 적이 없을 겁니다. 에티오피아와 르완다, 시에라리온의 비극은 항상 세계의 톱뉴스가 되고 보도 사진의 모델이 되지만, 이 지구상에는 항상 극적인 빈곤과 만성적인 빈곤이 있답니다. 그리고 만성적인 빈곤은 원조의 대상으로는 눈에 띄지 않기 때문에 어려운 상황은 더 오래 갈 수밖에 없습니다. 구호 활동의 세계에서도 옷이나 장식만큼 유행을 좇는 집단이 있는 것 같아요. 그 이유가 반드시 스포트라이트를 받고 싶은 마음 때문만은 아닐 겁니다. 첫째는 그들이 우리만큼 세계 곳곳의 사정을 제대로 알지 못한다는 이유도 있을 테지요. 우리는 현지 수녀들과 신부들로부터 직접 요청을 받기 때문에 항상 정통한 소식을 들을 수 있거든요.

해외일본인선교활동원조후원회(JOMAS)는 그 후 지속적으로 구라하시 신부님과 두 분의 이탈리아인 신부님을 통해 산타크루즈의 인디오 사회를 돕고 있습니다. 일본인 성직자의 활동을 돕는 것이 우리 NGO의 목적이었는데, 두 분의 이탈리아인 신부님은 일본인 신부님 못지않게 보람 있는 일에 우리의 돈을 사용해주었기 때문에 비록 말은 통하지 않아도 우리는 그들의 귀중한 존재를 '이용하여' 사업을 계속했던 거지요.

두 이탈리아인 신부님은 우선 산에서 내려온 사람들의 자녀에게 교육적 환경을 마련해주기 위한 유치원을 만들었습니다. 물론 교사들을 위한 소박한 거처도 필요했지요. 유치원을 마친 아이들은 초등학교로 진학합니다. 우리는 아이들의 성장에 맞춰 초등학교, 중학교, 그리고 마지막으로는 고등학교까지 JOMAS의 돈으로 학교 건물을 지었답니다.

나는 이런 발전을 확인하기 위해 산타크루즈를 두 번 방문했는데 두 번 모두 학교 건물 외에 안내를 받은 곳은 묘지였어요. 남미의 묘지는 몇 개의 계층으로 나누어져 있는 것 같습니다. 가장 돈이 많은 부자는 석조물까지 장식한 작은 예배당 같은 묘지를 만듭니다. 그 안에는 몇 개의 관이 예쁜 덮개를 덮고 누워 있지요. 다음 계층의 묘지는 반듯하게 구획이 나누어져 있는 땅에 비석을 세웁니다. 다음 계층은 서랍식 입체 묘지입니다. 높은 벽을 향해 관을 넣을 수 있는 공간을 세로로 배치해 만들고 하나씩 임대료를 받아요. 관을 그 공간에 넣고 나서 입구에 시멘트를 발라 봉인하는데 '임대료'를 체불하면 일정 기간을 두었다가 '내용물' 즉 시신을 꺼내 버립니다.

가난한 사람들은 다닥다닥 붙어 있는 묘지 내에서 공간을 찾아 끼워넣듯이 관을 매장하는데, 묘비도 세우지 않기 때문에 비어 있는 줄 알고 파내다 보면 금방 관이 드러나서 다른 곳을 파는 일이 자주 있다고 해요. 그런 묘지에서는 사람들이 직접 만든 십자가에 고인의 이름을 써서 세우는데 가끔 철자를 잘못 쓰거나 탈자를 정정하기도 하지요. 그것도 나름대로 가족의 사랑이 느껴지는 따뜻한 묘비지만 안타깝게도 금세 나무가 썩거나 쓰러져 다른 곳으로 사라져버립니다.

내가 산타크루즈를 방문할 때마다 반드시 묘지에 들르는 것은 그렇게 하는 것을 신부님들이 좋아하시는 것 같았기 때문입니다. 게다가 나는 묘지를 찾아가는 걸 싫어하지 않으니까요. 나는 젊을 때부터 죽음과 친숙해지는 것이 필요하다고 생각하곤 했거든요.

묘지에 가면 자연스럽게 신부님들과 친했던 고인들의 짧은 삶의 여정을 듣게 되지요. 묘지의 주인들은 아직 너무나 젊은 사람들이 많았어요. 27세, 33세, 35세의 청년이나 젊은 아버지들이 가족을 남기고 결핵으로 죽었으니 말이에요.

우리 일행이 묘지에 들어가면 어디선가 나타난 마을의 어린 소녀가 우리와 합류하는 일도 있었어요. 그 아이는 작은 새처럼 생기 있게 묘지 사이를 돌아다니다가 가끔 멈춰 서서 나를 향해 발밑의 땅바닥을 가리키며 말하곤 했어요.

"이 아이는 내 친구였어요. 그런데 죽었어요. 이 아이도요. 그리고 이 아이도…."

구라하시 신부님은 또 우리의 상상을 초월하는 몇 가지 비참한 이야기를 들려주셨습니다.

하나는 이 묘지에서 갓 매장한 시신을 그날 밤에 도둑맞은 이야기였습니다. 확증은 없지만 묘지를 관리하는 남자가 '새로운 시신'이 매장된 사실을 대학 병원에 알렸던 것 같아요. 그러면 값싼 실험용 시신을 원하는 수요자를 위해 누군가가 그것을 파내고, 시체가 들어왔다고 알려준 남자가 얼마쯤의 돈을 챙기는 거죠. 누구 할 것 없이 그 정도로 가난하니까요.

또 어느 해는 묘지에 갔더니 빈센테 신부님이 아직 2~3세밖에 되지 않은 어린 남자아이를 팔에 안고 있었습니다. 몇 년 전에 산속에 살고 있던 처자식을 이곳으로 불러들인 한 남자는 일자리를 찾지 못해 가난을 벗어날 수가 없었어요. 어느 날 밤에 술을 잔뜩 마신 그는 마을의 젊은 여자를 강간했고, 마을 사람들이 그 사실을 알고 몰려와 남자를 그 자리에서 때려죽였어요. 신부님이 안고 있던 아기는 그가 남기고 간 아이였죠. 현세에서 아버지라고 부를 사람을 잃은 어린 사내아이를 신부님은 시간이 허락하는 대로 안아주고 싶었을 것 같아요.

밝은 이야기도 있습니다. 한때 우리는 신부님들의 요청으로 계속 보내던 결핵 특효약 리팜피신(rifampicin)의 공급을 중단한 적이 있답니다. 빈센테 신부님에 의하면 환자들이 영양 상태가 너무 악화되어 도저히 강한 약을 복용하지 못한다는 거예요. 약보다는 우선 먹을 것부터 주어 체력을 보강하는 게 순서였으니까요.

그리고 몇 년 후에 JOMAS는 다시 약을 보내기 시작했지요. 두 번째로 방문했을 때 빈센테 신부님은 나를 작은 창고로 안내했습니다. 그리고 선반 위에 우리가 보낸 리팜피신이 가지런히 정리되어 사용할 기회를 기다리고 있는 것을 보여주었어요. 우리는 학교 급식을 위한 비용도 보내주었는데 하루에 고작 한 끼의 급식만으로도 아이들의 영양 상태가 눈에 띄게 개선되었다고 합니다. 구라하시 신부님은 이제는 아이들이 죽어 묘지가 가득 차는 일은 없어졌다고 말씀하셨어요. 내 귀에 남은 "이 아이도 죽었어요. 이 아이도요." 하고 말하던 소녀의 목소리도 멀리멀리 사라져가는 듯했지요.

아프리카의 진실 하나, 흑인 차별

흑인이 더 많은데 어떻게 차별 대우를 당하나요?

'차별은 안 된다'고 말할 때 우리 대부분이 차별하는 쪽의 입장에 서 있습니다. 흥미로운 일이죠. 우리에게 가장 모자라는 점은 자신이 차별당하는 입장이라는 사실을 깨닫는 재능인지도 모릅니다.

나는 페루에서 일본의 젊은 관료들과 리마의 항구에 있는 연안 경비정을 방문한 적이 있습니다. 견학을 마치고 나서 나는 동행한 젊은이들에게 물어보았습니다.

"저 배에서 뭔가 느낀 점 없어요?"

아무도 지적하는 사람이 없었어요. 나 혼자만 이상하다고 생각한 것은 경비정의 인종 구성이었거든요. 우리가 만난 사람들은 대부분 사관이었는데, 차를 내온 사람은 선원이었을 테지만 사관 식당에서 이야기를 한 사람 모두가 백인이었다는 사실에 나는 위화감을 느꼈지요. 물론 선실 쪽에는 청소나 취사, 세탁을 하는 사람들이 있었을 테지만 그 사람들과는 얼굴을 마주할 기회도 없었어요.

페루는 원주민이 47퍼센트, 혼혈이 40퍼센트, 동양계 등이 1퍼센트, 유럽계는 12퍼센트밖에 되지 않습니다. 그런데도 우리가 갑판 위에서 만난 사관들이 모조리 백인이었다는 사실이 이상했거든요. 요컨대 페루는 여전히 백인 우월의 세계라는 거죠.

1990년대 초에 해외선교자활동원조후원회(JOMAS)는 아프리카의 베냉이라는 나라에서 일하는 일본인 수녀의 요청에 의해 트럭 구입을 위한 자금을 제공했습니다. 돈을 내면 반드시 사후 조사를 해야 하기 때문에 나는 베냉의 오지에서 그 트럭이 과연 진짜로 움직이고 있는지를 보러 갔지요. 1994년에 나는 그 조사를 하기로 했어요. 베냉에 가기 위해서는 상아 해안의 아비장으로 나와서 가거나, 토고의 두 나라를 넘어 동쪽으로 약 700킬로미터를 가면 베냉의 사실상의 수도인 코트누에 도착합니다.

거리로는 겨우 700킬로미터 정도인데도 일반 여객기를 이용하면 엄청나게 불편하답니다. 아프리카라는 땅은 예전의 유럽 종주국을 잇는 남북 루트를 비행기로 가는 것은 비교적 편하지만, 동서로 이동하는 편은 없는 것이나 마찬가지거든요. 그래서 일정에 쫓기는 최악의 경우에는 아비장에서 파리로 돌아가 파리에서 다시 베냉으로 들어가는, 시간적으로나 체력적으로 매우 불편한 코스를 택해야 했습니다.

더구나 나의 목적지는 코트누도 아니었어요. 코트누는 해안 도시지만 내가 가야 할 곳은 거기서 북쪽으로 약 350킬로미터 들어간 '파라크'라는 시골 비행장에서 다시 북쪽으로 자동차를 타고 험한 길을 100킬로미터 들어가는 벤베라케라는 깡촌이었거든요.

나에게는 두 명의 동행인이 있었습니다. 아직 10대인 두 딸을 둔 젊은 아버지와 한창 나이인 청년이었지요. 나는 두 사람을 어떻게 하면 무사히 일본으로 돌아가게 할 수 있을지 매일 생각했어요. 아프리카의 길은 비포장이거나 포장이 되어 있어도 관리가 제대로 되지 않아 자동차를 이용해도 시속 15~20킬로미터일 정도로 느려요. 게다가 길이 험하고 트럭도 제대로 정비를 하지 않아 사고가 정말 많거든요. 내 체험에 의하면 100킬로미터로 달리면 한 번은 '죽는 줄 알았다'고 소리칠 정도로 끔찍한 상황을 만납니다. 코트누와 파라크 사이에는 정기편이 전혀 없거나, 있어도 일주일에 한 번 정도라서 어쩔 수 없이 차로 이동하게 되는데 비행기 사고보다 더 큰 자동차 사고의 위험성을 감내해야 합니다.

그래서 아비장에서 큰 상사의 지점장을 하고 있는 친구 아들에게 부탁해 비행기를 전세 내기로 결정했답니다. '그런 어마어마한 돈을 쓰다니' 하고 생각하는 사람이 있을지 모르지만, 지점장의 각별한 배려 덕분에 우리는 셋이서 왕복 2000킬로미터를 날아 3박 4일 동안 두 비행사의 발을 묶어놓고도 비행기 사용료와 연료비를 포함해 14만 엔밖에 들지 않는 항공편을 발견했답니다. 이처럼 싼 여행이 가능했던 것은 이 비행기가 아비장에 있는 아마추어 비행 클럽에 소속되어 있는, 이른바 영업용 비행기가 아니었기 때문이죠. 프랑스인 기장과 그 연인인 듯한 스웨덴 여성은 업무를 빙자해 주말을 단둘이 보낼 구실을 만들어 기뻐하는 눈치였어요. 기장은 훈련도 할 겸 부조종사를 태우고 싶다고 솔직하게 말했고(나는 그들을 만나기 전까지는 부조종사가 남자인 줄 알았어요.), 그녀는 성실하고 성격도 싹싹한 기분 좋은 승무원이었어요. 비행기는 6인승 세스나 프로펠러기였지요.

나는 자가용 비행기는 타는 사람 마음대로 편한 시간에 출발하면 되는 줄 알았는데, 이 정도의 소형 비행기로는 그렇게 하지 못한다는 것을 알게 되었습니다. 오후가 되어 난기류가 구름 기둥처럼 전방을 막아서면 소형 비행기는 그것들을 우회하여 날아야 하기 때문에 비행 거리가 길어져요. 원래 항속 거리도 짧은 기종이라서 가능한 한 아침 일찍 출발하기로 했지요. 나는 아가와 히로유키의 《구름의 묘비》라는 작품 제목의 무시무시한 의미를 그때 비로소 실감했답니다.

비행기가 코트누에서 입국 수속과 급유를 마친 뒤 풀과 수목을 잘라낸 이름뿐인 파라크 공항의 공터 활주로에 착륙하고 나서 나는 두 조종사에게 모레 오전 10시에 다시 이 공항에서 만나자고 약속하고 헤어졌어요. 그런데 그 두 사람이 이튿날 그곳에서 북쪽으로 100킬로미터 떨어져 있는 우리가 머무는 수도원으로 지프를 타고 들이닥친 거예요. 용무는 비행기에 고장이 생겨 내일 아비장에서 기술자가 부품을 갖고 다른 비행장으로 올 것이며 수리 시간을 얻기 위해 한 시간 늦은 오전 11시에 출발해야 한다는 것이었어요.

약속한 날 우리가 파라크 공항에 도착해서 보니 두꺼운 면 작업복을 입은 대머리 백인 남자가 비행장 옆에서 작업을 하고 있었어요. 그 남자가 부품을 싣고 온 비행기는 같은 비행 클럽에 소속된 체로키라는 소형 비행기였죠.

수리에 시간이 걸리자 프랑스인 기장이 우리에게 "당신들은 오늘 밤에 코트누에서 묵어야 하니 이 체로키로 먼저 출발하십시오. 큰 비행기를 수리해서 내일 아침 약속 시간까지 코트누 공항으로 가겠습니다."라고 말했습니다. 그는 또 지금 일하고 있는 기술자를 내일 이 비행기에 함께 태워 아비장으로 돌아가는 것을 허락해달라고 했지요.

우리는 알겠다고 하고 출발했습니다. 4인승의 작은 비행기였어요. 뒷좌석에 앉아 있던 나는 좌석 등받이 주머니에 들어 있는 차량 검사증을 몰래 읽어보았습니다. 이 체로키 파일럿은 황갈색 머리칼을 가진 30대의 유럽인이었는데 이름으로 보아 독일계였죠. 그보다 나는 비행기가 불시착했을 경우 기장의 마음가짐을 적은 페이지를 더 재미있게 읽었답니다. 모든 동승자에게 뭔가 일을 주라고 씌어 있었거든요. 놀게 내버려두면 불안만 늘어 통제가 되지 않는다는 것이었어요.

비행기 고장이라는 예상 밖의 사고는 있었지만 일정에는 아무 지장이 없었습니다. 이튿날 코트누 공항으로 갔더니 전세 낸 비행기는 정확하게 수리를 마치고 우리를 기다리고 있었어요.

돌아오는 길에 나는 우리와 동승하게 된 기술자를 관찰했습니다. 기장과 부조종사와 달리 그는 프랑스어만 할 줄 알았기 때문에 나는 말없이 있을 수밖에 없었고, 그는 프랑스어로 된 비행 잡지를 읽고 있었어요.

아비장에 가까워졌을 때 나는 기장에게 "비행기 사용료는 당신에게 주면 되나요?" 하고 물었습니다. 그러자 그는 착륙한 뒤 격납고까지 가면 2층에 사무실이 있으니까 거기서 돈을 지불하고 영수증을 받으라고 했어요. 모든 것이 사무적이면서도 개운한 처리 방법이었지요.

길고도 신기한 여행이 끝난 뒤 나는 그가 시키는 대로 비행 클럽 사무실로 들어갔어요. 두 명의 파일럿과 기술자는 아직 비행기 주변에 있었고. 작은 사무실 책상 앞에는 흑인 남자 사무원 한 명이 앉아 있었어요.

그 순간 나는 아프리카의 진실 하나를 발견했답니다. 이 비행 클럽의 멤버는 백인만으로 구성되며 생명과 관련한 비행기의 기계적인 부분은 흑인의 손에 맡기지 않는다는 사실을요. 비행하는 사람도 백인, 기계를 만지는 사람도 백인, 지원 부품을 가지고 오는 사람도 백인, 사무원과 차를 대접하는 사람만이 흑인으로 배치되어 있는 거죠. 그들은 비행기를 띄우는 일에 흑인을 제외한다는 말을 입에 담지 않았지만, 현실에서는 엄격하게 지키고 있었죠. 생명과 관련한 부분은 말없이 모두 백인끼리만 하는 겁니다.

그보다 앞선 1990년의 일이지만, 아프리카 한가운데 있는 차드라는 나라의 수도 은자메나에서 약 320킬로미터 떨어진 라이라는 오지 마을 부근에서도 몇몇 일본인 수녀가 활동하고 있었어요. 우리는 그 수녀들을 찾아갔을 때도 캐나다의 NGO가 활동하고 있는 세스나를 전세 낸 적이 있는데, 우기가 끝날 무렵이라 길이 완전히 수몰되었었죠.

이 비행기는 우리처럼 국제적인 원조 단체를 현지에 실어나르는 일을 목적으로 하는 캐나다의 라이온스 클럽의 소유였는데, 비행기와 파일럿을 현지에 파견하며 이용료는 그야말로 실비만 받고 있었습니다.

내가 놀란 것은 그 작은 비행기에 급유를 할 때였어요. 격납고 끝에 있는 소형기 옆으로 탱크로리가 다가갔죠. 탱크 끝에 매달리듯 타고 있는 흑인 중 한 사람은 누더기 같은 바지에 찢어진 셔츠, 더구나 발에는 고무 슬리퍼를 신고 있었습니다. 나는 급유 작업을 하는 사람이 고무 슬리퍼를 신으면 슬리퍼 바닥이 당장 녹아버리는 게 아닐까 하고 괜한 걱정을 하고 있었죠.

탱크로리가 멈추자 그는 '꼭지'에서 비커 같은 것에 연료를 조금 따라 파일럿을 향해 높이 치켜들었어요. 마치 무슨 의식을 치르듯 치켜든 비커 안의 액체는 선명한 푸른색을 띠었고, 그것이 그냥 물이 아니라는 것을 증명했지요. 그리고 나서 파일럿이 직접 비행기에 연료를 넣었습니다.

누군가 그것이 (당시의) 아프리카 방식이라고 가르쳐주었습니다. 연료를 가득 채워야 하는데 남에게 맡겨두면 가득 넣지 않는 경우도 있다고요. 그러면 비행기는 불시착하겠지요. 이것은 생각하고 싶지도 않은 끔찍한 불행이에요. 그래서 생명과 관련한 모든 부분은 스스로 하거나 백인 조직에게 맡긴다는 것입니다.

이 세 명의 파일럿들에게는 각각 즐거운 에피소드가 있습니다.

베냉으로 날아간 기장과 부조종사인 두 연인이 비행기 출발 연착을 알려주러 우리가 있던 수도원까지 왔을 때(직접 온 것은 전화가 없었기 때문이지만) 수녀들은 심한 더위를 안쓰럽게 여겨 두 사람에게 차가운 맥주를 내놓았던 모양이에요. 그 맥주는 평소에는 마시지 않지만 수녀들이 우리를 위해 도시에서 사다 놓은 것이었지요. 시도 때도 없이 정전이 되는 지역에서는 전기가 끊어지면 몇 시간 동안 냉장고 여는 것을 엄하게 금해요.

뜻밖의 맥주 대접에 감동을 받은 두 사람은 저녁에 다시 수도원으로 와서 커다란 주머니를 털썩 부엌 바닥에 던져놓고 돌아갔습니다. 우리가 저녁 견학에서 돌아와 보니 이 이상 야릇한 주머니는 마치 야생 동물의 시체처럼 어둑한 부엌 바닥에 놓여 있었어요.

"이게 뭐죠?"

내가 물었습니다. 그것은 시멘트였어요. 가난한 수도원에서는 항상 시멘트를 사용하여 건물을 보수하거나 계단과 개수대를 만들거든요. 보통 사람이라면 맥주에 대한 보답으로 시멘트가 좋겠다고 생각할 리 없지만 그들은 아프리카를 잘 알고 있었던 거예요.

차드에서 만난 캐나다인 파일럿은 짧은 활주로 끝에서 비행기를 멈추더니 내 쪽을 돌아보며 말했습니다.

"혹시 당신만 괜찮다면 기도를 드리고 나서 출발하고 싶습니다."

"좋아요!" 하고 나는 말했습니다. 그는 "주여, 우리가 하는 일이 당신 뜻에 맞는다면 오늘 하루 좋은 일을 마치고 다시 우리의 가족에게로 무사히 돌아가게 해주소서." 하고 기도했습니다.

나중에 귀국하여 이 이야기를 하자 열 명 중 아홉 명이 "그렇게 위험한 비행기였어?" 하고 묻더군요. 그런 이야기가 아니었는데. 우리는 누구나 어디에 있거나 어떤 경우라도 위험과 안전은 종이 한 장 차이인 상황에서 은총에 의해 살아가지요. 그는 그 보편적인 상황 안에서 안전을 기원했을 뿐이랍니다.

그리고 그는 생텍쥐페리처럼 안전한 유시계비행(有視界飛行)*으로 음산한

---

* 시계가 양호한 경우에 조종사의 시각에 의지하는 비행 방식.

표정의 아프리카 대지 위를 날았습니다. 나는 피곤에 지쳐 잠이 들었고, 들을 태우는 엄청난 연기가 낮은 고도를 비행하는 세스나 안에까지 흘러들었을 때 비로소 기침을 하면서 잠에서 깨어났습니다.

상상을 초월하는 도둑질

돕기 위해 모금한 돈도 훔쳐가나요?

도둑질은 단순히 가난하기 때문에 또는 먹고살기 힘들어서 하는 것만은 아닌 듯합니다.

아주 오래 전 태국에서는 취재차 들른 토목 현장 사무실에서나 개인 가정에서도 외국인들은 도둑맞을 것을 걱정하고 조심하곤 했답니다. 해머나 펜치 등의 작은 공구만 없어지는 게 아니라 현장 사무실에서는 덩치가 상당히 큰 물건을 도난당해 열린 입을 다물지 못한 적도 있었어요. 도난당한 것은 살수차였는데 경찰은 찾아내지 못했습니다. 상식적으로 봐도 그처럼 크고 모양이 특이한 물건을 경찰이나 이웃 주민이 찾아내지 못할 이유가 없다고 생각했지요. 바다에 던져버리기라도 했다면 모를까. 그렇지만 현장은 해안선과는 인연이 없는 북부지방 첸마이였습니다.

발견할 수 없는 이유는 엔진이나 탱크, 외판 부분은 물론 시트 천, 좌석 밑의 스프링, 백미러에서부터 타이어까지 그야말로 모든 것을 해체해서 팔아버리기 때문에 살수차의 겉모습은 이미 흔적도 없어졌을 거라는 설이 유력

했습니다. 게다가 그런 해체 작업에는 마을 사람 전원이 참여했을 것입니다. 그렇게 되면 주민과 경찰도 같은 입장이기 때문에 누구도 신고하지 않을 것이라는 등 온갖 소문이 퍼졌지만 진실은 아무도 모릅니다.

처음에는 트럭이나 탱크에 자물쇠만 잘 잠가두면 안전하다고 생각했습니다. 그런데 어느 날 기술자들이 사무실 옆 주차장에 트럭을 세워둔 뒤 30여 분 가량의 식사를 끝내고 가보니 와이퍼가 없어진 일도 있었어요. '기껏 와이퍼 정도야 뭐'라고 말할 상황이 아니었지요. 당시 이런 벽지에서는 방콕과 전화로 연락을 취해 와이퍼를 주문하는 데만도 몇 시간이 걸리니까요. 작은 대리점에 예비 와이퍼를 구비해두었을 턱이 없고 주문을 해도 물건이 손에 들어올 때까지는 몇 시간에서 때로는 몇 개월이 걸리기도 해요. 더구나 우기에는 매일 비가 오기 때문에 와이퍼가 없으면 트럭도 덤프도 움직일 수가 없습니다. 현장 사무실에서는 밤에는 물론이고 점심 시간 30분 동안에도 와이퍼를 떼어 따로 넣어두어야 하는 지경이었어요. 와이퍼는 이를테면 트럭의 '가짜 속눈썹'이라는 말을 실감한 건 그때였습니다.

한편 가정에서의 도난은 애교로 봐줘야 할 경우가 많았습니다. 주로 조미료나 설탕을 도난당하는데, 효성이 지극한 가정부들이 조금씩 갖고 가는 것이죠. 아주 조금씩이라도 인간의 감각은 나름대로 예리한지라 어딘가 모르게 푹푹 줄어드는 느낌이 들었던 모양입니다.

나는 심술궂은 성격이라 그런 이야기를 듣고 즉시 아주 작은 실험을 했습니다. 작은 초콜릿 스물다섯 개를 세고 또 세어 에어컨 위에 올려놓고 호텔 방을 나왔어요. 호텔에 냉장고(미니 바) 같은 건 아직 없던 시절이었습니다. 돌아와서 헤아려보니 스물세 개였어요. 그 정도의 오차는 시각적으로도 눈치를 채지 못할 거라는 것을 정확히 계산하는 현명한 도둑이었죠.

보통 자기 지갑에 지폐가 얼마나 있는지를 정확하게 기억하는 사람은 드

물어요. 예를 들어 분명히 1000엔짜리 네 장이 있었다고 생각했는데 자기 전에 보니 세 장이면 내가 잘못 알았나 하고 생각하면 그걸로 끝이죠.

이 작은 도둑질도 우리는 절도라고 생각합니다. 금액이 적거나 크거나 도둑질은 도둑질이라고 생각하지만 이곳 사람들은 우리가 하지 못한 '베푸는 선행을 대신 해주었다'는 식으로 말한다고 합니다.

지금도 어떤 나라에서는 모든 것에 자물쇠를 채웁니다. 선진국이나 중진국이나 개발도상국이나 잠금 장치 없는 생활은 생각할 수가 없어요. 우리 집에서는 바깥쪽 잠금 장치는 비교적 엄중하지만 내 지갑 같은 건 핸드백 안에 넣은 채로 항상 아무 데나 놓아둡니다.

우리는 흔히 가난한 사람이 도둑질을 한다고 생각해요. 그것도 사실이지만 가난한 사람이나 부자나 모두 도둑질을 한다고 해야 옳을 것입니다. 부자나 권력자는 크게 훔치고 가난뱅이는 작게 훔친다는 차이가 있을 뿐이지요.

예를 들면 외국에서 보내온 정부 개발 원조 자금을 대통령이 자신의 금고에 넣는 장면을 본 사람은 아무도 없을 것입니다. 대통령의 월급은 물론 공표되지 않지만 가난한 나라에서는 결코 많지 않다는 게 상식이지요. 그런데도 여전히 대통령이라는 이름이 붙은 많은 사람이 국내에도 해외에도 거액의 재산을 쌓아놓고 호화로운 저택을 짓습니다. 그래서인지 아프리카 원조 소식을 접할 때면, 나는 대통령의 개인 금고를 살찌우는 것을 아프리카 원조라고 하는지, 아니면 원조 대상국 대통령의 주머니에 들어가지 않는 뭔가 특별한 방법을 개발했는지 묻고 싶어집니다. 권력자가 된다는 것은 공금을 공공연히 유용할 자격과 함께, 암묵적으로 외국의 원조금을 자신의 주머니에 넣을 권리를 승인받는다는 것을 의미하니까요.

사람들은 도둑에 대해서는 누구나 절도라는 행위 자체를 막을 방법을 생각합니다. 그러나 도둑질 따위는 하지 않을 것 같은 지위에 있는 전 세계의

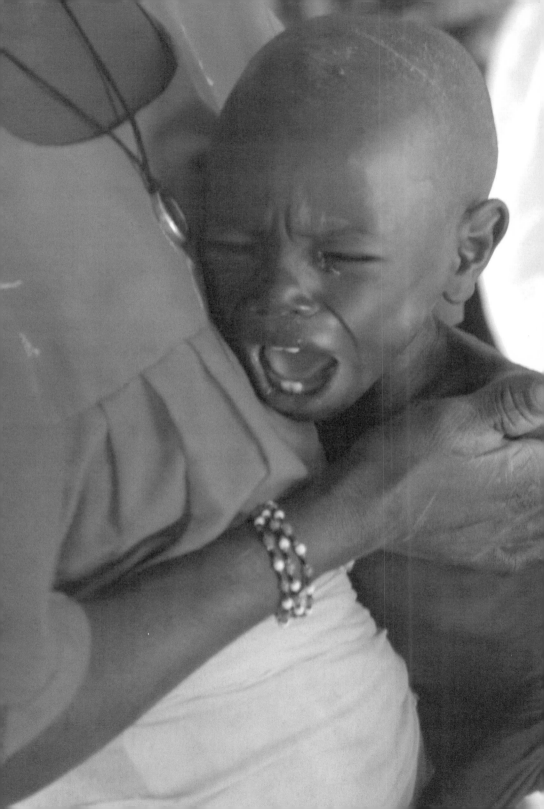

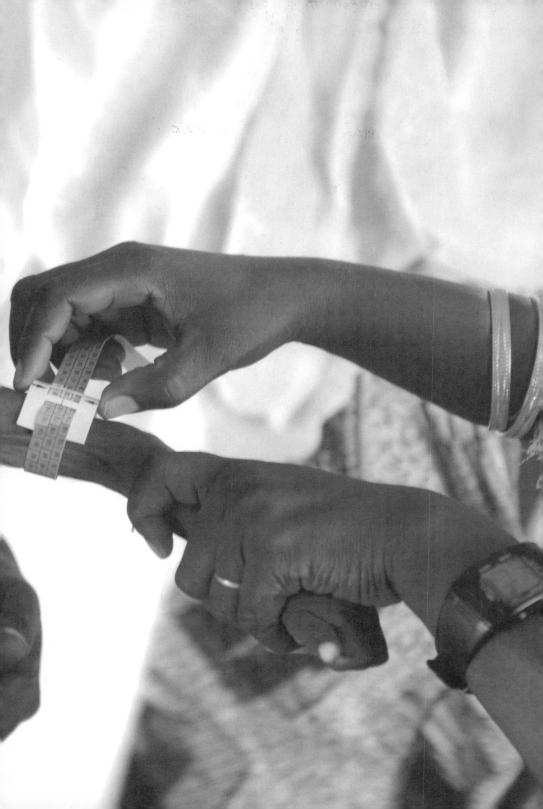

도둑에 대해 대처할 만한 지혜를 갖추기는 어렵습니다.

1983년에 처음 마다가스카르에 취재를 하러 갔을 때 나는 지방 도시의 수도원 부속 조산원에서 일하는 수녀들에게 줄 조촐한 선물로 벽시계를 하나 가지고 갔습니다. 나는 지금 태양 에너지를 사용하는 전파 손목시계를 차고 다니며 좋아하고 있지만 사실은 그다지 시간에 엄격한 사람은 아니에요. 어쨌거나 나는 조금 늦는다고 인생에서 크게 달라질 것도 없다는 생각을 바닥에 깔고 사는 사람이죠.

예측대로 분만실에는 내가 갖고 간 것과 같은 시계는 없었습니다. 아프리카에서는 태어난 해도 정확하게 모르는 사람이 많지만 그래도 조산원에서 아기를 낳으면 생년월일은 정확하게 기록합니다. 게다가 시간까지 확실하게 알면 인간의 존엄성도 조금은 깊어지지 않을까 하고 생각했던 것입니다.

나는 수녀들이 당장이라도 그 시계를 분만대 머리맡에 걸어둘 거라고 생각했는데 그럴 낌새가 보이지 않았어요. 벽에 못 하나만 박으면 되는 간단한 일이라는 생각에 용기를 내어 물어보니 그렇게 했다가는 시계를 금방 도난당하기 때문에 도난 방지를 위한 철창을 설치한 후에 걸어야 한다는 것이었습니다. 시계를 감옥의 창살 안에 가두지 않으면 안심할 수 없다는 이야기였지요.

더욱 놀란 것은 조산원의 외래 환자와 그 가족을 위해 화장실에 서양식 변기를 설치했었는데 그 변기를 어느새 도난당했다는 이야기였습니다. 수녀들은 화장실 설비야말로 기본적인 위생 관념 교육과 보급에 중요하다고 생각했습니다. 그렇지 않으면 어릴 때부터 자연 전체를 화장실로 여기면서 살아온 사람들의 생활 태도를 도저히 개선할 수 없기 때문이었죠.

우리 같은 사람이나 프랑스인 등의 외국인 수녀와 일부 외국에서 교육을 받은 이 나라의 엘리트 수녀들은 그런 '개혁'이 얼마나 실행하기 힘든지를 새삼 이해했을 것입니다. 수도원에 새로운 서양식 변기를 살 여유가 있는 것도 아니고 설사 복구했더라도 화장실을 항상 굳게 잠가놓고 아무나 아무 때나 사용할 수 없게 통제해야 합니다. 그렇게 되면 누구나 동등하게 언제라도 청결한 화장실을 사용할 수 있어야 한다는 소기의 목적에서 벗어나게 되지요.

바로 얼마 전에 혼란이 계속되고 있는 아이티에서 해외일본인선교활동원조후원회(JOMAS)에서 보내오는 돈으로 글을 가르치고 있던 수녀가 일시 귀국하여 보고를 해주었습니다. 수녀는 다시 돌아갈 생각이었지만 그곳 정세가 그다지 안전하지 않았어요. 게다가 수녀는 평소에 제대로 된 식사를 하지 못했기 때문에 만성적인 영양실조에 걸려 있었습니다. 연세가 80이 다 되어도 등줄기가 꼿꼿하고 몸가짐이 반듯했지만 뼈의 건강이 엉망이 되어 고통에 시달린다고 했어요.

그 수녀의 말에 의하면, 수도원의 재산 목록 1호가 태양열 온수기였는데 한때나마 그 온수기 덕분에 미지근한 물로 샤워를 할 수 있었다고 해요. 물론 우리가 생각하는 욕조에 따뜻한 물을 채워서 하는 목욕 같은 건 이 나라의 생활에서는 아예 존재하지도 않습니다.

그런데 어느 날 낯선 한 남자가 그 귀중한 장치를 떼어내려 하는 것을 보았습니다. 수녀는 담력이 있는 사람이라서 그 남자에게 "당신 누구요?" 하고 물었죠. 그는 대답도 하지 않았고 그렇다고 도망을 치지도 않았어요. 다시 말해 도둑이었던 거죠.

그러나 이 도둑에게는 약점이 있었습니다. 자동차가 없었기 때문에 훔친 태양열 시스템 전부를 가지고 도망을 칠 수가 없었던 겁니다. 물론 수도원 사람들은 모두가 낙담했습니다. 설비 일부를 도둑맞았으니 시설 자체가 아무 소용없게 되었던 것입니다. 원래 정전이 잦은 지역이라서 겨우 몇 년 전에 우리가 보낸 기부금으로 태양열 시스템을 이용한 급탕 설비를 들여놓았는데 그나마도 더 이상 더운물을 사용할 수 없게 되었습니다.

놀랍게도 도둑은 며칠 후에 다시 나머지 부분을 훔치러 왔습니다. 수도원에는 권총이나 기관총 같은 것도 없고 수녀들이 칼을 들고 덤벼들 위험도 없다는 '믿음' 때문에 감행할 수 있는 도둑질이었습니다. 더구나 개발도상국의 시골 마을 경찰서에는 피해자가 곧바로 전화로 신고할 방법도 없고 경찰은 예리하게 감식할 만한 지식도 없습니다. 그리고 경찰이 범인을 잡아야 한다는 의욕도 없습니다.

따뜻한 샤워조차 불가능해진 수도원 생활은 우울한 기분으로 희망의 불꽃조차 흔들리는 분위기가 되었을 것입니다. 물론 수녀가 그런 말을 한 건 아니지만 내가 그곳에 있었다면 분명 그런 기분이 들었을 것입니다.

가장 대담한 도둑은 보잉 727을 훔친 절도단이었어요. 장소는 아프리카 남서부에 있는 르완다의 앙고라 국제공항입니다. 앞에서도 썼듯이 아프리카를 동서로 이동하기는 매우 불편합니다. 그래서 우리는 시간과 20여 명의 여비를 조금이라도 절약하기 위해 요하네스버그 부근에서 전세기를 이용하려고 알아보던 참이었죠.

그 무렵 르완다 공항에는 보잉 727 한 대가 14개월이나 방치되어 있었습니다. 스물여덟 살이나 되는 이 낡은 비행기는 미국의 마이애미가 본점이고 중고 비행기의 리스와 판매를 전문으로 하는 회사의 소유였죠. 책임자에 의하면 이름도 생각나지 않는 어느 회사에서 빌려갔다가 좌석을 모조리 떼어내고 연료 탱크를 새로 설치한 뒤 르완다 공항에서 휘발유 장사를 하려고 했던 것 같다고 해요. 이 비행기는 2002년 3월 앙고라에 와서 그때부터 쭉 비행을 멈추고 계류되어 있었다는데, 그 이유는 서류상의 미비, 앙고라 정부의 자가용 비행기 노선 설정 인가 수수료와 주기료(駐機料) 등의 엄청난 요금의 책정 때문일 거라고 했습니다. 하지만 앙고라 정부는 비행기를 유치만 해두면 언젠가는 주기료를 받을 수 있다고 생각했을 겁니다.

그런데 이야기가 그걸로 끝난 게 아니었어요. 믿기 어려운 일이지만 이 비행기가 어느 날 밤에 갑자기 날아올랐거든요. 관제탑의 제지도 듣지 않고 비행기는 밤하늘로 사라져버렸죠. 무전취식도 아닌, 그야말로 주기료를 떼어먹고 도주했던 겁니다. 이 비행기가 테러에 이용될 것을 우려한 미국의 국무성, CIA 등의 기관들이 총동원하여 위성을 이용한 대대적인 수색을 했지만 끝내 발견되지 않았습니다.

이렇게 되면 내 상상력이 한몫을 해야 할 차례인 것 같은데, 곧이곧대로 믿지 말고 그냥 들어주기 바랍니다. 태국에서 도둑질 방법을 훈련받은 사람에게는 사라진 비행기 따위는 수수께끼도 아니라고 합니다. 모습을 간직한 비행기를 찾으려고 하기 때문에 발견할 수 없는 거죠.

비행기는 방치된 채로 마치 공항을 장식하는 오브제처럼 14개월 동안이나 그 자리에 놓여 있었지만 이런 비행기는 아프리카 공항에서는 그리 드물지 않습니다. 러시아 비행기가 콩고민주공화국의 킨샤사공항에서 '기름값'을 지불하지 않는다는 이유로 일주일 간 차압을 당한 광경을 본 적도 있어요. 그러니 아프리카에서는 돈이 없는 비행기가 볼모로 잡혀 있는 광경은 꽤 익숙한 일이었죠.

우선 아프리카에는 '뭐든 다 있기' 때문에 보잉 727의 소유주나 그 패거리는 도망칠 방법을 연구합니다. '나쁜 사람'을 통해 어느 날 밤 몰래 급유를 마치고 관제탑의 당직도 매수하여 비행기가 날아오르면 놀라 제지하거나 행선지를 묻거나 몇 가지 행동을 취하도록 합의합니다. 그 사이에 비행기는 가장 가까운 외국에, 비행기가 착륙할 수 있는 활주로를 가진 시골 공항에 내립니다. 그곳 마을 전체가 한통속이기 때문에 조종사는 기체를 망가뜨릴 각오로 활주로를 벗어나 빈터나 야자나무 밭으로 비행기를 몰고 들어가면, 기다리고 있던 마을 사람들이 신속하게 기체를 야자 잎 등으로 덮습니다. 비행기는 길이가 46미터라고 하지만 감쪽같이 덮을 수 없는 크기는 아니거든요.

그러고 나서 해체가 시작됩니다. 당시는 같은 종류의 비행기가 1100대나 날아다녔다고 하니까 엔진도 부품도 모두 예비용으로 팔 수 있습니다. 연료탱크나 날개, 동체의 금속판이나 바퀴 등도 귀중한 자재로 팔립니다. 화장실 변기는 그 위에 앉으면 촌민의 경외감을 모을 수 있을지 모른다고 생각하는 오지의 촌장이 사줄 가능성도 없지 않습니다. 훔친 비행기를 원형조차 짐작할 수 없을 정도로 완전히 해체하면 위성도 찾아낼 수 없습니다.

전부터 나는 당장 오늘 저녁 끼니가 없는 사람은 물을 마시고 잠자리에 들 수도 있고, 아니면 구걸을 하거나 훔쳐서라도 먹는 수밖에 없다고 하면서 도둑질을 옹호하는 듯한 글을 쓰곤 했습니다. 그러나 도둑질이 얼마나 나쁜지를 단적으로 보여주는 것은 농작물 도둑입니다. 뙤약볕 아래서 허리가 휘도록 일을 한 가난한 농민이 안도의 한숨을 내쉬는 순간은 수확을 앞두고 이것만 거둬들이면 온 식구가 내년까지는 어떻게든 먹고살 수 있을 거라고 기대를 하는 때입니다. 그런 시기에 농민의 수확물을 송두리째 실어가는 도둑질은 사람으로서는 생각할 수 없는 악질적인 범죄지요.

작물 도둑이 악질적인 범죄인 가장 큰 이유는 농민으로부터 아예 일할 의욕을 앗아가기 때문입니다. 여름내 허리를 굽혀가며 농사를 지었는데 수확 직전에 도둑을 맞는다면 누구라도 내년부터는 아예 심지도 않겠다고 생각할 것입니다. 도둑놈을 위해 땀을 흘려가며 애써 작물을 경작할 이유가 없기 때문입니다.

빈곤국은 왜 발전하지 않을까

가난한 나라도 노동력은 풍부한데, 왜 가난이 개선되지 않나요?

우간다의 캄팔라에서 열린 농업 회의에 참석했을 때의 일입니다. 무세베니 대통령이 한 시간이나 늦게 회의장에 나타났습니다. 그 자리에 참석한 카터 전 미국 대통령을 비롯하여 우간다에 자금이며 기술 지도를 해주는 나라에서 온 수뇌와 정부 요인들도 꼼짝 없이 기다리는 신세가 되었지요. 아프리카에서는 지금 위대한 사람과 앞으로 위대해질 것 같은 사람들은 수가 놓인 민속 의상을 입습니다. 그래서 나는 동행한 기자들에게 "민속의상을 입은 사람들은 모두 사진을 찍어두는 게 좋겠습니다." 하고 귀띔해두었답니다. 차기 수상이나 대통령 혹은 '살해당한 전 수상', '망명한 전 대통령' 이 될 가능성이 있기 때문이지요.

회의가 끝난 다음 일정에는 현장 견학 투어가 포함되어 있었습니다. 안내장에는 A에서 D까지 네 종류의 투어 견학을 신청하라는 내용이 적혀 있었어요. 나는 A가 카터 전 대통령이 갈 코스라고 추측했지요. 카터 대통령과 함께 가면 한 다스에 가까운 미국인 경호원과 수십 명의 수행인이 동행할 테고

거기다 환영 댄스 후에 견본 밭을 보여주는 것으로 끝이 날 것 같았습니다. (나중에 들으니 과연 내 예상에 가까운 일정이었다고 해요.)

나는 가장 인기가 없을 것 같은 D코스를 신청했습니다. 국화 재배와 악어 양식이라는 내용이었습니다. 누군가 소노 씨는 밭을 좋아하시니까 괜찮을 것 같다고 말했지만 나는 국화를 전문으로 지배해본 적이 없어요. 소국은 좋아하는 편이지만 해마다 다시 심을 때가 되면 '귀찮아서' 꽃꽂이용으로 조금만 심는 게으른 애호가입니다.

동행한 사람 수가 많지 않은 것까지는 좋았는데, 사실 나는 현장에 도착할 때까지 꽃을 피우는 농장으로 가는 줄로만 알았습니다. 그런데 도착한 곳은 근대적인 커다란 온실인 데다 기계도 있었어요. 영어를 하는 네덜란드인(우간다의 공용어는 영어와 스와힐리어)이 우리를 맞이했는데, 그 국화 재배 농장의 책임자였지요. 꽃이라고는 보이지 않아 물었더니, 이 농장에서는 국화 묘목만 만들고 꽃을 피우는 곳은 네덜란드라고 했습니다. 종류는 학명으로 기재되어 있고 묘목은 칸막이 위의 묘판에서 재배되는데, 스프링쿨러 등의 급수 장치는 물론이고 온실의 높은 천장에 설치된 통풍용 환기 장치는 세밀하게 각도가 바뀌도록 설계되어 있었습니다.

우간다 땅에서도 국화가 핀다는 식의 목가적인 광경은 아니었습니다. 나는 "장마가 끝날 때까지 싹을 잘라 가지를 나누면 꽃도 많아진다"고 말했지만 그곳에서는 그 정도의 어설픈 지식으로 묘목을 키우는 게 아니었어요. 습도와 일조량, 차광, 소독, 거름 등 모든 것이 정확하게 측정·기록·관리되어 '아기' 묘목이 튼튼한 '어린이'로 자라면 그 묘목은 전용 화물기에 실려 네덜란드로 옮겨진다고 했습니다.

그리고 보니 튤립도 수선화도 아마릴리스도, 그리고 나 같은 원예 애호가가 종묘 구근 카탈로그에서 넋을 잃고 바라보는 최신 종류는 네덜란드산이 많았습니다. 그러나 나는 그 온실을 방문했을 때 그곳까지 네덜란드 자본이 진출하고 있다는 데 놀라움과 안타까움을 느꼈습니다. 우간다 사람은 그저 묵묵히 네덜란드 사람의 앞잡이가 되어 일을 할 테지만, 내가 우간다 사람이라면 어리석은 노동자의 얼굴을 하고 묵묵히 일하면서 몇 년 안에 국화를 재배하는 기술을 확실하게 훔칠 것입니다. 밑천이 되는 묘목조차도 그럴 마음만 있으면 아무도 모르게 가지고 나갈 수 있습니다. 그렇게 해서 비료는 언제, 얼마만큼 주는지, 습도는 어느 정도로 유지하는지, 일조 시간과 빛의 세기는 어느 정도가 바람직한지를 기록하고 몸으로 익히면 3년 뒤 반드시 전문가가 될 수 있을 것 같았습니다.

그러나 문제는 그게 아니었어요. 우간다에서는 국화 시장이 크지 않습니다. 물론 꽃을 사는 사람이 있기야 하겠지만 일인당 연수입이 350달러밖에 되지 않는 나라입니다. 다시 말해 한 사람의 하루 수입이 1달러 정도라는 계산이므로 도저히 꽃 따위를 살 여유가 없을 것입니다.

우간다에서는 국화가 상품이 되지 않아도 네덜란드로 실어가면 더없이 짭짤한 상품이 되는 것이죠. 옛날에 칠레 와인도 프랑스로 가져가서 프랑스산 와인과 섞거나 프랑스산 병에 담아서 프랑스산 와인으로 둔갑시킨다는 이야기를 들은 적이 있는데, 우간다의 국화도 그와 비슷한 생산 방식을 채택하고 있었던 것이죠.

그런데 우간다 같은 내륙국의 운명을 떠올리니 갑자기 우울해집니다. 우간다의 기골 있는 어떤 청년이 국화 재배의 비결을 훔쳐서 연구를 거듭하여 품질 좋은 묘목 재배에 성공했다고 칩시다. 힘들게 개발한 상품이 국내에서 팔리지 않으면 수출하는 수밖에 없는데, 이웃에 '부자 나라'가 없으면 유럽의 자금을 노려야 합니다. 그러나 나라에 항구가 없으면 묘목도 항공편을 이용해서 운반해야 하지요. 아프리카의 국가 중 바다에 면한 몇몇 나라는 이웃의 내륙국에 온갖 해코지를 해서 돈을 벌려고 하는 습성이 있습니다.

잠깐이었을망정 나는 우간다 사람이 왜 국화 재배 기업을 네덜란드인에게 맡겨두고 있을까 하고 생각한 것이 부끄러웠습니다. 국화꽃을 피울 수는 있어도 시장에 내놓지 않으면 사실상 기업은 성립되지 않지요. 그리고 판로를 확보할 수 있을지 여부는 이미 개인의 수완이 아니라 국가가 그 분야에 관해 얼마만큼의 정책을 취할 수 있는가에 달려 있기 때문입니다.

우리의 견학 투어 코스에는 악어(턱이 뾰족한 대형 악어, 악어가죽용) 양식장도 포함되어 있었습니다. 우간다인 책임자가 처음에 빅토리아 호수에서 악어 알을 채집해와서 부화를 시켰다고 설명해주었습니다. 악어 새끼는 아주 작은 것에서부터 두세 살까지 크기별로 각각 다른 연못에서 사육되고 있었습니다. 동남아시아에서도 비싸게 팔리는 식용개구리를 키우는 연못은 굵은 철망으로 둘러싼 오두막 안에 있었고, 도난을 막기 위해 잠금 장치가 설치되어 있었습니다. 그런데 이곳에서도 뚱뚱한 여성 경비원이 총을 들고 악어 도둑을 지키고 있었죠.

이곳의 악어는 내장을 제거하고 소금에 절여 이탈리아로 운반해서 거기서 무두질을 한다고 합니다. 가죽 무두질은 매우 어려운 기술이라고 들었는데 역시 그런 건가 싶었죠.

우간다의 악어가 이런 식으로 외화를 벌어들인다고 생각하니 기분이 좋아졌습니다. 그러나 그런 기분도 잠깐이었어요. 우리가 떠날 때 악어 농장 입구에 미국의 희극 영화에나 나올 법한 '키다리와 난쟁이 콤비' 같은 두 명의 백인이 서 있었는데 그들이 이 악어농장의 이탈리아인 경영자들이었어요.

이미 오래 전부터 들어온 식민지 지배의 폐해에 대해서는 새삼 말할 것도 없습니다. 한 국가가 독립을 이룩하고 나면 30년 동안은 시행착오를 겪는 게

당연하지요. 그러나 30년, 그러니까 한 세대가 지나면 그럭저럭 체계가 잡혀
야 합니다.

그러나 아프리카에서는 그렇게 되지 않았습니다. 지금 우간다에서 네덜
란드인 국화 묘목 재배업자와 이탈리아인 악어 양식업자가 물러가면 과연
현지 사람들이 현금을 손에 쥘 수 있는 산업이 있기나 할까요. 다시 식민지
시대와 흡사한 백인 주도의 산업이 맹위를 떨치고 있겠지요.

아프리카 정신력의 한계

아프리카에도 인재들이 있을 텐데, 왜 사람들을 이끌지 못하나요?

2006년 5월 19일에 나는 우리 집 현관에서 넘어져 발목에 골절상을 입었습니다. 부끄러운 이야기지만 딱 10년 전에 비슷하게 오른쪽 발목에 골절상을 입었는데 이번에는 왼쪽 발목이었어요. 아무래도 발목 구조가 잘못됐거나 뼈의 강도에 문제가 있는 것 같습니다. 그러나 일단 내 주변 사람들은 모두 나의 입원을 진심으로 기뻐해주었어요. 9년 이상 계속한 재단 근무와 소설을 쓰는 작업으로 인한 이중 생활의 피로가 이 입원 덕분에 완전히 풀려 생명을 구했는지도 모른다고 말하는 사람까지 있었습니다. 그리고 사실 그때의 한 달 간의 입원 덕분에 나는 아프리카에 대해 생각지도 않았던 공부를 할 시간이 생겼습니다.

계획대로라면 바로 이 입원 기간 중에 마라비연합과 마다가스카르를 여행하고 있었을 것입니다. 나를 빼고 다른 분들은 모쪼록 예정대로 잘 다녀오라고 말했지만 계획 자체가 취소되었습니다. 이 점은 진심으로 죄송하게 생각하지만, 나는 한편으로는 아프리카까지 가지 않아도 될 운명이었다는 생각에 마음이 편해졌지요. 아프리카를 여행하는 것은 유럽이나 미국으로 가는 것보다 상당히 번거로운 일이죠. 거리가 워낙 먼데다가 뭔가를 현지 조달하는 것이 불가능한 지역이라(원고를 팩스로 보내는 일조차 처음부터 기대하지 않는 게 좋기 때문에 나는 항상 연재할 부분을 한꺼번에 미리 써놓아야 했지요.) 여행 준비가 매우 복잡해지는 것을 피할 수가 없었습니다. 고령자인 나는 언제 죽어도 아쉬울 게 없지만 젊은 동행자의 안전에 대해서는 어쩌면 시간 낭비에 가까운 걱정을 수없이 합니다. 예를 들면 수백 킬로미터 떨어진 어떤 구간을, 육로로 갈지 전세 비행기를 이용할지 망설이는 것은 안전을 생각하기 때문입니다.

체험에 의하면 장비가 나쁜 차량으로 험한 길을 열 시간 가까이 이동하면, 정면 충돌을 포함한 자동차 사고를 만날 가능성이 열 번 가까이 된다는 계산이 나옵니다. 그보다 고물이라도 소형 비행기를 전세 내는 것이 훨씬 효율적이라고 생각하는 경우도 종종 있는데, 어느 쪽이 안전할지 따지는 것은 결국 나오지 않는 대답을 찾는 일이죠.

나는 여행을 못하게 된 대신 수술 후 다리가 제대로 기능을 하게 될 때까지 아프리카에 관한 책을 계속해서 탐닉하듯이 읽었습니다. 부끄러운 이야기지만 평소와 똑같은 생활을 했다면 도저히 이 정도 분량의 책을 체계적으로 읽을 수는 없었을 것입니다. 나는 평소에 의지가 약해서 독서보다는 오늘 저녁 반찬을 만드는 게 먼저라고 생각하곤 하니까요.

그중에서 가장 감동을 받은 책은 슈바이처 저작집이었습니다. 우리 집에 있는 책은 1956년 이후 출판된 것인데 나는 이것을 헌책방에서 사 모았답니다. 슈바이처의 저작집이 다시 출간되는 일은 아마 없을 것입니다. 아프리카에서 일하는 기관의 사람들이 슈바이처를 읽었다는 이야기도 들어본 적이 없어요.

슈바이처에 관한 이른바 '평판'에 대해 나는 정확하게는 알지 못합니다. '인도주의자', '원시림의 성자' 등의 널리 알려진 평판이나 인상과는 달리 그가 무뚝뚝한 사람이라 콩고(지금의 가봉)의 랑바레네에서 일하는 의사들도 좀처럼 만날 수 없었다는 이야기는 1960년에 랑바레네에서 일하던 에드거 버먼이 《슈바이처와의 대화》에서 밝히고 있습니다.

버먼에 의하면 슈바이처는 "인정이 많으면서도 비정하기 짝이 없고, 단순하면서도 복잡하고, 고집불통이면서도 타협적이고, 대담하면서도 소심하고, 인색하면서도 인심이 후하고, 옹졸하면서도 관대하고, 정이 깊으면서도 냉담하고, 불끈 화를 내다가도 평정을 되찾고, 섬세하면서도 파렴치하고, 그리고 무엇보다 많은 불완전함을 갖춘 완전주의자"였다고 해요.

그는 단순한 인물이 아니라 다루기 고약한 분열적 성격이었던 거죠. 그러나 그 정도 인물이 아니라면 저 아프리카라는, 바닥 없는 늪의 깊은 모순과 영원한 원칙의 세계에 도저히 맞설 수 없었을 것입니다. 이 정도의 강인한 사람이 아니라면 원시림에서 오래 살고 있는 더 강한 사람들, 다시 말해 지역 사람들과 사귀며 살아가기는 불가능했을 것입니다.

슈바이처가 들어간 곳은 당시 '프랑스령 적도 아프리카', 현재의 가봉입니다. 그 근처의 내가 아는 지역은 거기서 약 500킬로미터 떨어진 카메룬의 해안 지대, 남동쪽으로 약 700킬로미터 떨어진 콩고민주공화국의 킨샤사와 인접한 콩고공화국의 브라자빌, 약 1000킬로미터 남동쪽에 있는 앙고라의 르완다 부근뿐입니다. 하지만 그래도 시대가 변한 것을 고려하면서 조금 다른 시각으로 보면 슈바이처의 보고 중에 당장 활용할 수 있는 현실적인 노하우와 그 이상의 철학이 응축되어 있음을 알 수 있습니다.

슈바이처는 자신의 감정을 전혀 개입시키지 않고 있는 그대로의 사태와 곤혹스러움, 안타까움을 기록하고 있습니다. 냉방 시설도 없는 시대에 덥고

습한 가건물 안에서 용케도 이 정도로 면밀한 저작을 계속할 만큼 기력이 있었다는 사실에 나는 비슷한 기록자의 한 사람으로서 경탄을 금치 못했습니다. 슈바이처는 의사일 뿐 아니라 오르간 연주자이며 철학자이고 성서학도 연구했다고 하는 걸 보면 그야말로 초인이라고 하지 않을 수 없습니다.

슈바이처는 흑인이 일을 시키는 대로 하지도 않을 뿐더러, 감시를 하지 않으면 작업을 게을리하거나 아예 일을 하지도 않고, 같은 입원 환자이면서 특별 수당을 지불하겠다고 하는데도 결코 타 부족 환자를 보살피지 않는 것을 개탄하고 있습니다.

예를 들면 흰개미가 갉아먹은 목재 조각은 그대로 두면 개미들이 다른 건축물로 옮겨가서 건물을 파괴할 수 있기 때문에 반드시 강까지 가지고 가서 버리라고 했는데도 나중에 보면 바로 근처 땅바닥에 버려져 있기 일쑤였습니다. 조금 먼 강까지 가기가 귀찮아서 시키는 대로 하지 않은 것입니다.

이런 일은 지금도 아프리카 도처에서 볼 수 있어요. 나는 2004년에 소설의 무대가 되기도 했던 마다가스카르의 아베 마리아 조산원에 묵었는데, 어느 날 밤 방충망을 씌운 창문을 물끄러미 바라보다가 마음이 심란해졌습니다. 아마도 일본인이나 유럽인, 혹은 스위스에서 교육을 받은 마다가스카르인 간호사 수녀가 목수에게 창문에 모기장을 씌우라고 지시했을 텐데, 모기장이 창문 전체를 감싸지 않아 들어오는 모기를 전혀 막지 못했거든요.

흰개미의 경우와 마찬가지로 이 목수도 모기가 들어오는 것을 막는다는 의미를 이해하지 못했습니다. 그리고 그것을 관리해야 할 고용주, 즉 지식인으로 봐야 할 지역 출신 수녀들도 태평스러운 기질 때문에 모기장이 엉망이된 것을 알아채지 못하는지, 아니면 관심이 없는지는 모르겠지만 방충망을 다시 하라고 지시하지 않았습니다. 이처럼 아프리카에서는 많은 물자와 노동력이 모조리 엉망이 되는 상황이 지금도 여전하지요.

돈을 지불할 테니 옆에 움직이지 못하는 환자의 식사나 배설을 도와달라고 해도, 증세가 가벼운 환자나 옆에 있는 가족이 그 일을 하지 않는 이유는 사회 구조가 부족 단위로 성립돼 있기 때문입니다. 그들이 실감할 수 있는 세상은 도보로 이동할 수 있는 마을 안으로 국한되어 있어서 같은 인간이라고 인식할 수 있는 것은 부족 사람들뿐입니다. 그래서 친절을 위해서나 돈이 목적이거나 관계없이 하마나 악어(당시 랑바레네 부근 오고베 강에서 가장 두려운 것은 이 두 종류의 동물이었던 것 같습니다.)는 아니지만 동물의 일종인 인간을 자기들이 왜 보살펴야 하는지 모르는 것도 자연스러운 일이라는 생각이 들었습니다.

이것은 슈바이처 시대의 랑바레네에 국한된 현상이 아닙니다. 지금의 이라크도 아프가니스탄도 같은 부족의 책임이나 이익, 권익 외에는 안중에 없으며, 멀리 중근동까지 이런 추세는 다르지 않을 것입니다. 그러나 슈바이처는 나보다 훨씬 착했습니다.

"흑인은 게으른 게 아니고 자유인이다. 그들은 임시 노동자에 불과하기 때문에 그들에게서 체계적인 작업을 기대할 수 없다. 이런 점을 선교사는 전도회관과 자기 집에서 조금 깨닫고, 농장주나 상인은 많이 깨닫는다."

"흑인은 돈에 대해 욕심을 내기는 하지만 신뢰할 수 있는 성의 있는 노동자는 되지 못한다. 고용되어 갈 때 그들은 최소의 노동으로 최대의 돈을 받으려는 것밖에 생각하지 않는다. 고용주가 옆에 붙어 있는 동안에만 일을 할 뿐이다."

사실 그들 자신이 그 점을 알고 있지요.

"고용주가 우리를 따라다니면 일을 하지만 병원 환자에게 보내면 우리끼리 있게 되니까 아예 일을 하지 않아요."

흰개미가 망쳐버린 목재를 강으로 가지고 가서 버리라고 명령했을 때, 꾀를 부려 가까운 아무 데나 버린 남자가 나쁜 게 아니고 누군가 감독으로 따라 가지 않았던 게 잘못이라는 논리입니다.

　이것이 지금도 보편적인 아프리카의 정신 구조입니다. 물론 세월이 거의 1세기가 흘렀고 독립의 자극에 의해 우수한 '시골 청년'들이 아프리카 각지에서 배출되고 있다는 사실도 잊어서는 안 되지요. 그러나 그들 중 대부분은 슈바이처가 살던 때처럼 고국의 수도는 물론 랑바레네 마을로도 돌아오지 않았습니다. 현재 그들은 뉴욕이나 주네브 혹은 유엔기구 등에서 일하며 자신이 태어난 마을로는 돌아가지 않습니다. 그렇기 때문에 고국에 남은 일반인의 삶은 질이 향상되지 않고 나라의 발전도 이루어지지 않는 것입니다.

권력자에 의해 가로채어지는 돈

아프리카 빈곤국을 원조하는 데 가장 큰 애로 사항은 무엇인가요?

아프리카에 원조를 한다는 기본 정신에는 아마도 대부분의 사람이 찬성할 것입니다. 세계에 4000만 명이나 되는 HIV 감염자 중에 90퍼센트 이상이 아프리카 등의 개발도상국에 사는 사람들이고, 600만 명은 당장 치료를 시작하지 않으면 2년 이내에 사망할 상태지만 치료를 받을 수 있는 사람은 130만 명에 지나지 않는 것이 현실입니다.

이러한 현실에도 불구하고 일을 쉽사리 진행할 수 없는 것은 개발도상국의 위정자와 권력자가 원조금을 개인적으로 사용하는 것에 대해 아무렇지도 않게 여기는 사회 분위기가 도저히 없어지지 않기 때문입니다.

우리 주변을 봐도 여러 언론이나 작은 단체가 후원금을 모으고 있지요. 교차로 부근에서 모금함을 들고 서 있는 사람들은 믿을 수 없어도 신문사나 방송국 등이 모금하는 돈이라면 기획자가 그 돈을 훔치지는 않을 것입니다. 그러나 그 모금액이 개발도상국 정부나 재단, 기금 등에 전해진 뒤 올바르게 사용된다고 믿는 게 순진하다는 것이 이런 일에 종사하는 사람들의 상식입니다. 그래서 모금 활동을 할 때는 마지막까지 기획자와 기증자 대표가 현지로 가서 직접 확인하는 것이 의무이지만 대부분의 경우 이루어지기 어렵습니다.

권력자가 아무렇지도 않게 원조금을 가로채는 사회 구조가 형성된 것은 그 나라의 국민이 그런 행위를 허용하기 때문입니다. 요컨대 권력자가 되면 국가 예산을 착복하는 게 당연하다고 여기는 거죠.

예를 들면 서아프리카의 어떤 나라에서 만난 모 대학교수는 몇 개월 동안 월급을 받지 못했다고 해요. 남편은 우수한 사람으로 일본에서 유학을 할 때 일본인인 지금의 부인을 만났습니다. 부인은 자녀를 데리고 때로는 빵을 살 돈조차 없어서 땅콩을 팔아 생활하고 있었습니다. 한 자루에 얼마인지 묻지 않았지만 아마 5엔이나 10엔 정도일 것이다. 그보다 비싸면 이웃 사람들도 살 수가 없을 겁니다. 그 나라의 국립대학병원에 찾아갔더니 원장 전용 주차장에는 벤츠가 서 있었습니다.

해외일본인선교활동원조후원회(JOMAS)는 예전에 부르키나파소*의 국립병원 부지 내에 영양실조 아동을 위한 건물을 짓는 데 지원을 해달라는 신청을 받은 적이 있습니다. 큰 건물도 아니었어요. 너비 10미터 정도의 야자잎 지붕을 덮은 둥그런 진료 대합실과 콘크리트로 지은 진찰실이었죠. 진찰실도 벽이 일부밖에 없었고, 벽으로 둘러싸인 작은 공간에 책상과 서류함, 냉장고, 그 밖에 현미경 정도가 있었던 것 같습니다. 하나로 이어진 지붕의 절반은 벽도 없이 오로지 잠금 장치가 있는 서류함과 개수대와 아궁이가 있었던 것으로 기억합니다. 이곳에서 영양실조 아동에게 먹일 식사를 만들었는데, 초기에는 생선튀김을 만들면 어른들이 그 자리에서 모조리 먹어치워서

* 서아프리카 중부 사바나지대에 있는 내륙국.

머리와 꼬리밖에 남지 않았습니다. 아이들을 위해 미리 집어 먹는 것을 참는 교육부터 시켜야 했지요.

우리가 이 신청을 받아들일지 거부할지를 한동안 고민한 것은 국가의 땅에 지은 건물은 언제든 몰수당할 수 있기 때문이었습니다. 하지만 우리는 그곳 책임자인 일본인 간호사 수녀를 믿고 돈을 내주기로 했습니다.

그곳에 과연 약속대로 건물이 지어졌는지를 확인하러 내가 갔던 게 1995년 2월이었고, 나는 그곳에서 아프리카의 병원 구조를 자세하게 공부할 기회를 얻었습니다.

아프리카에서는 초진 진료 기록을 만들고 주사를 놓고, 상처 소독과 붕대로 감아주는 일 등의 극히 일반적인 의료 행위에도 환자가 대금(주사기, 소독약, 붕대 등)을 지불해야만 합니다. 돈이 없으면 어떤 의료 행위도 받을 수 없었죠.

당시 그 병원 소아과에서 문제가 된 것은 뇌척수막염이라는 질병이었습니다. 고열과 함께 목이 딱딱해지는 것이 특징이라서 진단은 금방 나옵니다. 아이를 병원으로 데리고 오면 부모들은 3000엔이나 하는 비싼 항생제를 사 먹이라는 처방을 받지만, 한 가정의 한 달 수입도 3000엔이 채 되지 않는 그곳에서는 도저히 마련할 수 없는 금액이었습니다. 부모들은 버스로 시골까지 가서 친척을 찾아다니며 돈을 긁어모아 빌려오는 게 고작이었어요. 그러나 돈을 갖고 병원이 있는 도시까지 돌아가려면 3~4일이나 걸립니다. 그때쯤에는 이미 치료 시기를 놓치게 되어, 병이 난 아이는 서지도 못하고 표정도 없어지며, 설사 살아남는다 해도 평생 중증 장애를 갖고 복지 제도가 없는 나라에서 살아가야 합니다.

나는 JOMAS의 일원으로서 이러한 현실을 두고볼 수가 없어서 수녀에게 말했습니다.

"우리 조직이 얼마만큼의 돈을 수녀님에게 맡겨놓으면, 가난한 가정의 자녀가 뇌척수막염에 걸렸을 때 그 돈으로 항생제를 사줄 수 있나요?"

이것은 JOMAS로서는 비교적 간단하고 더구나 효과가 확실한 사업이었어요. 만약 우리가 30만 엔을 항생제 값으로 수녀원에 맡겨두면 100명의 아이들을 평생 장애로 사는 운명으로부터 구할 수 있는 것이었죠. 수녀가 한참을 생각하더니 대답했습니다.

"그런 일은 무리일 듯하군요."

나는 더 확실한 대답을 듣기 위해 다소 유도적으로 말했습니다.

"가령 우리 JOMAS가 그 돈을 마련한다고 해도 결코 가난한 가정을 위해 사용되지 않겠군요. 수녀님이나 우리에게는 '사용했다'고 보고를 해놓고 그 돈을 주머니에 넣는 의사도 있을 테니까요. 아니면 그 돈으로 항생제를 사기는 하지만 나중에 환자에게 기어이 약값을 받아낼 수도 있는 거군요. 그런 일이 충분히 일어날 수 있다고 생각합니다."

내 말을 듣고 수녀가 대답했습니다.

"그렇게 생각하시는 게 자연스러울 겁니다. 그래서 그런 계획은 세우지 않는 게 좋을 것 같아요."

나는 그런 일이 그 병원에서만 일어나는 특수한 일이 아니라는 것을 이미 알고 있었습니다. 그것은 아프리카의 어느 병원에서나 일어날 수 있는 현상이었고, 그래서 가난한 사람을 구하기 위해 제공되는 돈이 저절로 권력자의 주머니로 들어가는 것입니다.

병이 든 것은 지식인이나 권력자뿐만이 아니었어요. 나는 거기서 수녀의 진료소를 찾아오는 질병이나 영양실조에 걸린 아이들의 가정 형편도 상세하게 알 수 있었습니다.

아이들은 야위었고 심지어 부종도 있었어요. 2년 3개월 된 아이의 체중이

8.8킬로그램, 2년 5개월 된 아이가 6.3킬로그램밖에 안 되는 경우도 있어요. 심하게 야윈 아이, 빈혈, 만성 설사, 다리의 심한 궤양(이것은 슈바이처 박사의 병원에서도 매우 많은 환자가 앓았던 질병입니다.), 페니스 크기만큼 튀어나와 늘어진 배꼽.

육체적인 질병뿐만 아니라 아이의 가정 자체가 병든 모습도 많습니다. 나는 진료 기록에서 가정 환경을 옮겨 적었는데 '어머니 미혼', '아버지 사망', '아버지의 아내 두 명', '아버지는 정신이상, 어머니는 탈옥수', '출생 때의 기록 전혀 없음', '유행성 소아마비 예방접종 하지 않음', '모자 수첩은 흰개미에게 먹힘' 등이었습니다. 대부분의 어머니는 위의 아이가 두세 살이 채 되기도 전에 다시 배가 불룩해집니다. 가족 계획이라는 개념조차 없고 현실은 될 대로 되라는 식으로 유지되는 것처럼 보입니다.

그러나 다행인 것은 부르키나파소도 최근에는 이러한 상황이 조금씩 나아지고 있다는 점입니다. 그러나 문제의 요소가 모두 제거된 것은 아닙니다.

JOMAS의 역사에서 나는 세 가지의 실책을 미안하게 생각하고 있습니다. 하나는 아프리카의 어떤 나라에서 수녀들이 JOMAS에서 원조를 받은 5만여 엔을 사물함에 넣어두었다가 도둑맞은 것. 또 하나는 JOMAS가 책임을 지고 연료비를 보내던 한국의 성 나자로 마을에서 연탄을 사용하는 온돌 장치에서 일산화탄소가 새어 나와 두 명의 나환자가 죽은 일. 그리고 세 번째가 장학금 사건이었습니다.

나는 1994년에 유엔난민고등판무관 오카타 사다코의 공적인 시찰 여행 때 취재기자 신청을 하고 짐바브웨로 들어갔습니다. 고등판무관이 거기서 난민캠프귀환사업에 입회하는 모습을 기록하기 위해서였죠.

거기서 나는 오카타 씨 가까이에 있던 참으로 상쾌한 미국인 현지 사무원을 만났습니다. 그는 한 시대 전의 서부극에 나올 것 같은 강인함과 대범함,

인간미가 넘치는 인물로 짐바브웨에도 우수한 젊은이가 많으니 그런 인물을 발굴해서 제대로 된 교육을 받게 하고 싶다고 정열적으로 오카타 씨에게 호소했습니다. 그의 말은 상당히 구체적이었는데, 일곱 명의 아가씨들에게 간호사 교육을 받게 하고 싶다고 말했습니다. 그러면 그녀들의 장래 생활 기반도 생기고 짐바브웨의 미래에도 도움이 될 것이라고 했습니다.

예산은 전부 700만 엔이었던 것으로 기억합니다. JOMAS는 장학금을 제공하지 않았지만 당사자를 잘 아는 사람이 현장에서 어떤 교육을 받게 하여 장래 생활에 대한 전망을 갖고 있는 경우라면 돈의 일부를 제공해도 된다는 규약 같은 것이 있었습니다.

700만 엔 전액을 떠맡는 것은 당시 JOMAS로서는 다소 부담스러운 사업이었습니다. 그래서 나는 그에게 우선 한 명으로 시작해서 잘되면 차츰 장학생 인원을 늘려나가면 어떻겠느냐고 제안했고 그도 그 제안에 찬성했습니다.

나는 다시 그에게 여러 가지 조건을 제시했습니다. 장학금을 받는 아이가 결정되면 그 아이의 이력서와 사진이 필요합니다. 돈은 본인에게 직접 주지 않습니다. 가난한 가정의 자녀는 생활비로 써버릴 우려도 있고 남달리 효성이 지극한 아이는 부모의 곤궁을 보다못해 학비를 부모에게 줄 수도 있습니다. 그러므로 장학금은 직접 학교로 보내겠다는 약정을 했습니다.

그러나 이처럼 조심했지만 아무 소용이 없었습니다. 우리는 한 아가씨가 입학했다는 간호학교로 학비를 보냈지만 돈이 제대로 전달되지 않았습니다. 장학금의 경위를 알고 있던 여성 교장이 돈을 갖고 도망을 갔기 때문입니다. 우리는 고등판무관 사무실의 미국인 현지 직원을 통해 이 교장을 추적했지만 끝내 찾아내지 못했습니다.

도둑은 극히 일부의 선진국에서만 잡힐 뿐입니다. 경찰도 도둑을 잡을 의욕이 전혀 없지요. 너나없이 모두가 이렇게 남의 돈을 가로채서 살아가기 때문입니다. 그리고 설사 잡았다고 해서 무슨 해결이 되겠느냐는 생각도 듭니다. 도둑질을 한 여성 교장은 젊고 유능한 아가씨의 미래를 빼앗았다는 죄의식을 전혀 느끼지 않을 것입니다.

아가씨 쪽에서도 자신의 장래를 망쳐버린 교장에 대해 분노감을 갖고 있기나 한 건지 모르겠어요. 혹시 자신도 지위를 얻으면 이런 부정을 하겠다고 생각했을지도 모릅니다. 이러한 현실을 보면 원조금을 제공하기가 싫어집니다.

아프리카의 빈곤국 원조 가운데 최대의 애로 사항은 이러한 기관의 부정부패와 공적인 자금의 사유화 습관입니다. 유럽 국가들과 미국, 일본이 아프리카의 가난한 나라를 원조하겠다고 결정하는 것은 그 나라의 국가원수와 그 일족의 사재를 불리는 것을 의미하는 것 같아 안타깝습니다.

이러한 악순환을 완전히 끊으려면 어떻게 해야 할까요? 나는 아직도 확실한 방도를 찾아내지 못하고 있습니다.

기부금 전달의 어려움

우리가 기부를 하면 어려운 이들에게 바로 전달되는 게 아닌가요?

지난번에 성실하게 활동하는 어떤 조직으로부터 통조림과 중고 구급차, 쓰레기 수거차 등을 개발도상국에 지원하고 싶은데 어떻게 하면 정확하게 전달할 수 있겠느냐는 상담을 받았습니다. 나는 35년 동안 NGO의 운영위원으로만 일했을 뿐이기 때문에 이렇다 할 해결 방도가 있을 리도 없지만, 원조의 경우 바로 이런 문제 때문에 벽에 부딪힙니다.

들어보니 그 조직은 물건을 확보하고 있지만 주고 싶은 나라까지 보내줄 운임을 마련하지 못했다고 합니다. 그래서 운임을 모금하고 있는데 그것도 상당히 큰일이라고 합니다.

아니꼽게 들릴 수도 있지만 해외일본인선교활동원조후원회(JOMAS)는 자금 곤란을 겪은 적이 없습니다. 오만한 생각으로 이런 말을 하는 건 아니에요. 우리는 되도록이면 일을 크게 벌이지 않고 최대한 알뜰하게 우리 처지에 맞는 규모로 일을 하자고 정해놓았기 때문에 늘 지금 있는 돈으로 할 수 있는 일만 했기 때문입니다. 그래서 자금 곤란을 겪는 일도 없었죠.

앞에서도 언급했지만 무슨 일이 있어도 1억 엔을 모아 어떤 일을 하겠다는 식으로, 좋은 의미에서의 허풍을 떠는 사업이 세상에는 많습니다. 그런데 우리가 게으름뱅이인지, 아니면 목표가 낮아서 100엔도 큰돈이기 때문에 그것으로 충분하다고 생각해서였는지 모르지만, 아무튼 가진 돈의 범위 안에서 일을 한다는 원칙을 지켜왔습니다.

이런 방식의 장점은 결정이 내려지면 바로 다음날 돈을 지원할 곳에 보낼 수 있다는 것입니다. 원조 업무는 규모나 금액도 중요하지만 신속한 결정과 실행도 중대한 요소거든요. 아무리 큰돈이라도 지원하기로 결정해놓고 송금까지 6개월이나 1년이 걸린다면 그동안에 도움을 받지 못해 사람이 죽을 수도 있는 일입니다.

내친김에 한마디 더하면 이런 시스템으로 일을 하다 보니 돈이 너무 많은 게 아닌가 하는 걱정으로 잠 못 자는 밤도 있었습니다. 이 잘난 척에도 해설이 필요해요. 원조 사업을 하다 보면 도움을 원하는 상대가 매우 많습니다. 이 일을 하면서 내가 배운 것은 신뢰할 수 없는 조직일수록 거창하고 빈틈없는 신청서를 준비해온다는 것입니다. 기부 신청서를 전문으로 대필해주는 사람이 있는 게 아닐까 싶을 정도로 완벽합니다. 그에 비해 수녀들의 신청서는 허점투성이예요. 마다가스카르의 프랑, 인도네시아의 루피아, 중앙아프리카의 CFA프랑, 브라질의 레알 등으로 적힌 신청서를 보면서 우리는 대충 얼마인지조차 몰라 골머리를 앓았습니다. 시중 은행에 물어본 적도 있는데 그런 나라의 통화를 일일이 상대할 수 있느냐는 듯한 거만한 태도가 담긴 목소리로 "저희는 취급하지 않아서 모릅니다." 하고 말할 뿐 조사해주겠다고도 하지 않았습니다. 은행원이란 사람들이 꽤나 게으름뱅이구나 싶었지요.

몇 년 전 우리는 아프리카의 어떤 나라에 돈을 보내려 했었어요. 송금은 스위스 은행을 경유해서 이루어졌는데 도쿄 창구에서는 당신들의 송금이 반드시 상대에게 전달될지 보장할 수 없다고 친절하게 가르쳐주었습니다. 그 나라에 채무가 많아서 스위스 은행은 누가 어디에 보내는 돈이든 스위스를 경유하는 돈은 동결해버릴 가능성이 있다는 것입니다. 우리는 그 시스템을 이해하지 못했지만 위험하다니 송금을 중지할 수밖에 없었죠.

절대 안전하다고는 말하기 어렵지만 수수료도 들지 않고 확실하게 전달하는 방법은 '복대 안에 넣어 운반하는' 것입니다. 나는 최고 350만 엔 상당의 유로를 현금으로 들고 시에라리온까지 운반한 적이 있습니다. 내가 현금을 갖고 있다는 사실을 아는 사람은 그때 여행에 동행한 마토바 준조 씨 외에 몇 명뿐이었어요. 나는 화장실에 갈 때마다 350만 엔이 든 핸드백을 친절한 신사인 마토바 씨에게 안겨주며 "잘 지키고 계세요." 하고 부탁했지요.

시에라리온에서는 반군들이 어린아이의 손발까지 자르고 방화, 강간을 반복했습니다. 인육을 먹은 사람도 있다고 했어요. 그런 잔인한 내전을 체험한 지역에는 아직 호텔도 제대로 없었습니다. 수도원은 박격포로 지붕이 날아간 채 2층 바닥이 간신히 지붕 역할을 하고 있었습니다. 우리는 전원이 침낭을 갖고 있어서 1층 수도원 바닥에 잘 준비를 했습니다.

시에라리온의 수녀원에 도착했을 때의 기쁨은 지금도 생각납니다. 드디어 돈다발을 관리하는 일에서 해방된다는 기쁨이었죠. 거기서 일하는 수녀 네기시 미치코와 나는 멕시코인 수녀원장과 함께 즉시 원장실로 가서 문을 잠그고 창문 커튼도 모두 닫았습니다. 그런 다음에야 비로소 나는 돈다발을 두 사람에게 건네주고 영수증을 받았습니다. 두 수녀 외에는 아무에게도 돈을 갖고 왔다는 말을 할 수가 없었어요. 수녀원에 오늘 밤 350만 엔이라는 현금이 전달되었다는 소문이라도 새어 나가는 날에는 수녀원이 습격당할 위험성이 높다는 것을 우리 모두 잘 알고 있었기 때문입니다. 동료 수녀들은 한 점의 악의도 갖지 않은, 신뢰할 수 있는 사람들이더라도 그녀들이 혹시라도

야채를 갖고 온 농부나 사촌오빠인 자전거 수리공 등에게 "오늘 우리 수녀원에 유로 기부가 있었으니까 그 돈으로 자전거를 살 수 있을 거야!" 하고 무심코 이야기를 했다가는 그 말을 들은 외부의 누군가가 습격을 시도할 가능성도 충분히 있었습니다.

기부를 받은 귀중한 돈은 정확하게 필요한 사업에 사용되어야 합니다. 그러나 정확한 사업이라는 것이 과연 있을까 하는 걱정이 나의 불면의 이유였어요. 가난한 사회에서는 물건이나 돈을 옮기는 것도, 보관하는 것도 쉽지 않습니다. 그렇기 때문에 일본에서 물건이나 돈을 모으기는 쉽지만 그것을 꼭 필요로 하는 사람들의 손에 틀림없이 전달하려고 하면 항상 엄청난 어려움이 따르곤 한답니다.

얼마 전 우리 운영위원회도 새롭게 제기된 한 가지 문제에 대해 결정을 내려야 했습니다. UNHCR(유엔난민기구)가 동티모르의 난민 구원을 위해 텐트 등을 살 돈을 요청해온 것입니다. UNHCR로서는 현재 동티모르의 난민 문제는 지진이나 쓰나미, 홍수처럼 언론에서 화제가 되지 않기 때문에 사람들의 관심을 끌지 못하지요. 따라서 돈을 모으기가 어렵습니다. 더구나 동티모르의 경우 "자기들끼리 벌인 내부 갈등의 결과잖아요." 하면서 동정할 가치도 없다고 고개를 돌리는 사람도 있습니다. 그러나 난민이 발생하고 있는 것만은 틀림없는 사실입니다.

액수는 얼마 되지 않지만 JOMAS는 과거에도 UNHCR에 지원금을 보낸 적이 있습니다. 우리 조직은 일본인 신부나 수녀의 활동을 원조하는 것이 목적이므로 UNHCR에 돈을 내는 것은 이를테면 확대 해석이었지요. 그러나 우리는 그 돈이 틀림없이 필요한 곳에 사용되고 그 증거가 있으면 된다는 결정을 내렸습니다. 세상의 관심을 받지 못하는 쓸쓸한 불행을 위해 돈을 내기로 한 것은 우리의 취지에 맞는 결정이었습니다.

우리는 UNHCR의 도쿄 사무소 측에, 텐트 제조업자에게 텐트 값을 지불하고 영수증을 받을 수 있다면 수백 개분을 맡겠다고 말했습니다. 그러나 UNHCR의 조직에서는 그것이 불가능했습니다. UNHCR의 모든 원조물자는 이미 조달되어 어딘가에 쌓여 있고, 그 물건을 UNHCR이 산다고 합니다. 그런 처리 방식은 긴급을 요하는 물품의 경우 당연한 일이겠지만 우리가 직접 텐트 제작사로부터 텐트를 살 수는 없었던 거지요. 그래도 UNHCR에 돈을 내야 하는가? 이것이 우리가 협의할 의제였습니다.

이런 경우 나는 다수결 원칙으로 결정하는 걸 좋아합니다. 애당초 완벽한 해답 따위는 나오지 않는, 답답한 결정을 해야 하는 문제이기 때문이지요. 다수결로 결정하면 책임도 회피할 수 있을 것 같았습니다. 그날 운영위원들은 표정이 어두웠어요. UNHCR이 좋은 일을 한다는 건 알지만 우리는 간접적인 출자를 피해왔기 때문에 이런 상황은 무척 애매했던 거죠. 초기에는 그런 사례가 더러 있었지만 그때마다 지원금의 행방은 반드시 애매해지고 성공했다는 대답도 돌아오지 않았던 것입니다. '아마 제대로 사용되었을 겁니다' 라는 대답이 고작이었지요. 지역 사람들과 함께 몇 년씩 함께 살고 있는 신부나 수녀들이 없었다면 지원 사업은 성공하지 못했을 것입니다. 지원금을 받아 집행하는 담당 직원들은 언제든 자기 사정에 따라 그 담당 부서를 떠납니다. 그러고 나면 그 사업을 추적하는 일은 중간쯤 가다가 반드시 불가능해지죠.

보통은 그랬을 것입니다. 유엔과 관계한 업무는 규모가 너무 커서 이 또한 앞날을 확인할 수 없어요. 오랜 망설임과 평소에도 느낄 수 없는 답답한 공기가 회의실을 가득 메운 후에 명쾌한 몇 사람의 의견이 일치했습니다. "우리 JOMAS는 그처럼 복잡하고 돈의 흐름이 명확하지 않은 원조는 하지 않기로 정해놓았던 게 아닌가, 일본인 수녀 외에는 물품을 나눠줄 대리인을 두지 않는 것이 규칙이라면 그 규칙을 준수해야 하는 것 아닌가, UNHCR이든 누구든 예외가 될 수는 없다." 그것이 결론이었습니다.

우리는 이런 문제점들이 명확하게 해결되지 않은 상태에서는 돈을 지원할 수 없다고 결정했습니다. 그렇게 되자 나는 JOMAS가 돈을 지원할 수 있는 조건이 없어지는 게 아닌가 하는 생각이 들면서 잠이 오지 않았어요. 우리는 기부금을 맡아 효과적으로 정확하게 사용할 의무가 있기 때문에 쓰지 않고 갖고 있는 것도 용납되지 않습니다. 그러나 안전하고 확실한 조건은 결코 많지 않았습니다.

이러한 문제는 근본을 따져보면 단 한 가지 의구심 때문이라는 것을 알 수 있습니다. 개발도상국에서는 약간이라도 지위가 있는 사람들은 대부분 비리와 부패로 깊이 병들어 있지요. 앞에서 언급한 조직이 식료품이나 구급차, 쓰레기 수거차를 지원한다고 칩시다. 그러면 식료품의 일부는 배급이 되겠지만 대부분은 이 사업을 맡고 있는 사람이 마음대로 가져갑니다. 아니면 원조품을 받은 사람이 가족과 함께 소비하지 않고 시장에 들고 나가 현금을 챙기기 위해 팝니다.

구급차는 앞에서도 썼듯이 대부분의 개발도상국에서는 유료입니다. 빈민이 도저히 지불할 수 없는 액수의 돈을 받기 때문에 정말 가난한 사람들이 구급차의 도움을 받아 목숨을 구할 가능성은 지극히 낮습니다. 쓰레기 수거차는 처음에는 확실하게 사용되겠지만 관리는 엉망이 되고, 더구나 일본차는 망가지면 부품이 없거나 있어도 비싸기 때문에 결국 방치되다가 얼마 후면 움직이지 않는 고철이 되어 시체처럼 썩어갑니다.

이 비리를 감시하는 조직으로, 1990년대부터 세계은행을 위해 일하는 국제투명성기구(TI, Transparency International)*라는 조직이 있는데, 나는 어느 날 우연히 이 조직의 이사장인 우게트 라벨 여사의 의견을 찾아 읽게 되었습니다.

"공직자가 비리를 저지르는 것을 막지 않는 한 빈곤을 추방할 수 없습니다. 불신 때문에 기금이 의도한 목적을 완수하지 못한다면 국외로 나가서 다른 지역을 찾아보아야 합니다. 그렇게라도 하지 않으면 가난한 사람들은 앞으로도 계속 가난할 것입니다."

"어쨌든 가난하니까 도둑질을 해도 질책을 할 수 없는 측면이 있지요." 그날 밤 운영위원 한 사람이 중얼거렸어요. 진짜 사기라 해도 할 수 없습니다. 그리고 축재를 할 만큼 여유 있는 생활을 하는 것도 아닙니다. 40여 년 전에 인도에서는 피부병 환자들이 의사에게 '나병'이 아니라는 진단을 받으면 어떻게든 '나병'이라는 진단을 받으려고 의사와 교섭을 벌이곤 했던 적이 있습니다. 교섭에 의해 병명이 달라질지도 모른다고 생각하는 끈질김에 대해 나는 놀라움을 금치 못했지요. 그러나 그들 입장에서 보면 그것은 큰 이익으로 연결되었습니다.

진짜 '나병'이든 교섭 결과 얻은 '나병'이든 일단 약을 받으면 그들에게는 공짜로 얻은 특효약을 시장에서 팔아 현금을 챙길 수 있었습니다. 약뿐 아니라 원조물자는 누구든 원하기 때문에 대부분의 물건은 시장에 나가면 팔 수 있었지요.

원조를 받은 물자나 돈의 절반은 가난한 사람들을 위해 사용될지도 모릅니다. 그러나 어느새 돈과 물건을 분배할 권리를 갖고 있는 사람의 가난한 친척들이 냄새를 맡고 찾아옵니다. 그리고 오늘 저녁부터 당장 끼니가 없다, 병든 아이를 의사에게 데리고 가야 하는데 돈이 없다고 말합니다. 그 말을 들으면 동정심에서라도 맡고 있는 지원금이나 물자를 조금 쥐어 보내는 게

---

* 국제적으로 공직자의 비리와 부패 방지를 위해 활동하는 NGO.

당연하다는 생각이 들 것입니다.

아랍에는 '내일의 암탉보다 오늘의 병아리가 급하다' 는 속담이 있습니다. 병아리를 놔두었다가 내일 잡아먹으면 고기 양이 조금 늘어나겠지만 오늘 당장 먹을 게 없기 때문에 작은 병아리라도 잡아먹어야 한다는 뜻입니다.

도덕은 내일의 식량, 장래의 생활 기반이 잡혀 있을 때 의미를 갖습니다. 비리 국가와 비리 조직은 이윽고 국제적으로 버림을 받고, 사회적 고립을 초래하며 나아가 더 심한 빈곤을 불러오므로 손해를 보는 건 결국 자신들이라고 아무리 말해도, 오늘 당장 살아갈 길이 막막한데 어떻게 그런 논리만 부르짖겠느냐는 것입니다.

그날 밤 나는 전에 없이 우울해졌습니다. 어둡고, 탁하고, 무거운 마음에서 벗어날 수가 없었죠. 비리를 저지르는 사람들도 일말의 양심은 있을 텐데 하고 생각하자 마음이 더욱 우울해졌습니다.

에필로그

내가 빈곤의 땅을 가는 이유

빈곤의 광경을 구성하는 장면은 한 장의 카드처럼 내 마음에 간직되어 있는데, 그중에는 어떤 의미를 가지고 내 기억 안에 보존되었는지, 그 자리에서는 이해하지 못하는 경우도 많습니다.

그중 한 광경은 브라질의 빈민굴에 사는 어떤 집입니다. 오두막의 봉당과 벽이 콘크리트 벽돌인지 아니면 흙벽 그대로인지 확실히 기억나지 않습니다. 창문은 없고 지붕을 얹은 재료로 만든 차양과 벽 위쪽이 들창으로 되어 있었던 것 같지만 그것도 확실치는 않습니다. 그때 집 안으로 먼저 들어서던 사람이 뒤따르는 나를 돌아보며 "발밑을 조심하세요." 하고 말해주었습니다. 나는 전기가 없는 집이라 불빛이 없다는 경고거나 내부가 어질러져 있기 때문이라고 생각했지요. 아니면 내 시력이 천성적으로 나쁘다는 것을 알고 그렇게 말한 것이겠거니 생각했습니다.

경고는 분명 의미가 있었습니다. 좁은 오두막에는 문어와 비슷한 모양의 시커멓고 거대한 물체가 발치에 (시커멓다기보다 어둑하다고나 할까) 놓여

167

있었으니까요.

나는 그 물체의 전체 모습을 파악하려고 눈을 크게 떴습니다.

그것은 거대한, 지름 1미터는 넘을 것 같은 샹들리에의 잔해였습니다. 금속 부분은 녹이 슬고 장식 유리 조각들은 깨져 없어졌으며 낡은 전구가 군데군데 남아 있었는데, 아마도 소켓 부분이 녹슬어 전구를 뺄 수가 없었나봅니다.

그 집에는 인디오의 혈통임이 분명한, 볼이 홀쭉하고 몸집이 아담한 여성이 있었습니다. 남편의 존재 여부를 알 수 없는 그녀는 집 안에 혼자 있었어요.

실내가 어두웠기 때문만이 아니고 그녀는 표정이 거의 없었습니다. 나의 동행인이 이 샹들리에는 어떻게 된 거냐고 묻자 버린 것을 주워왔다고 했습니다. 어디에 쓸 생각이냐고 물었더니 잘 모르겠다고 합니다. 언젠가 팔 생각인가? 하고 다시 묻자 보일 듯 말듯 고개를 끄덕였습니다. 이렇게 무거운 물건을 그녀는 어디까지 들고 갈 생각일까요.

그녀는 이 기묘한 습득물을 어떻게 할 것인지 전혀 생각하지 않고 있었습니다. 이 작은 오두막에 이렇게 큰 물건을 갖다놓으면 나머지 공간이 좁아지는 건 당연합니다. 쓸모없는 물건을 주워다놓는 것이 쓸데없는 짓이라는 생각은 들지 않았던 걸까요.

인생을 정리할 때가 다가오는 나는 물건을 버리고 아무것도 없는 공간을 되찾는 작업에 열심인데, 나중에 어디에 쓰일지 모르지만 일단 주워다놓는 정열을 가진 사람도 있다는 것을 알았습니다. 그뿐만이 아닙니다. 아무 의미도 없이 누추한 집에서 샹들리에의 잔해와 생활한다는 발상은 꽤나 시적이라서 나는 잠깐 동안 감상에 빠져들었습니다. 그러나 빈곤에 대한 인도주의적 입장에서 생각한다면 이런 행위는 공간 이용이나 경제적 효용 면에서 어리석은 짓이었습니다.

그녀가 이런 행위를 한 것은 빈곤이 가져다주는 오랜 무질서 때문일 것입

니다. 교육의 부재, 영양 편중에서 오는 무기력에 의한 사고의 정체, 추상적 판단의 습관적 결여 등이 이 어둑한 공간 안에서 경직되어 있는 샹들리에의 잔해로 드러나고 있었습니다.

아프리카의 여기저기서 보이는 부족 항쟁은 우리 입장에서 보면 그래도 단순하고 명쾌합니다. 오랜 세월 동안 이어지는 생존을 좌우하는 이익 대립, 그 항쟁이 계속되면서 쌓이는 사회적 원한이라는 분명한 원인이 있기 때문입니다. 그러나 이 망가진 샹들리에의 창고로 존재하는 집과 같은 빈곤은 구제할 길을 찾기가 어렵습니다.

이러한 광경은 결코 어느 한 나라에만 존재하는 것이 아닙니다. 아라비아의 사막에서는 형태는 달라도 건조한 허무가 황량하게 지배합니다. 자크 브누아 메상*은 그의 저서 《사막의 표범 이븐 사우드》에서 사우디아라비아의 사막이 사람을 쫓아내는 격렬하고도 건조한 허무를 묘사하고 있습니다.

"가을이 왔다. 모래바람, 무시무시한 모래바람이 사막에 불어대고 세찬 모래먼지 아래 모든 것이 묻히기 시작했다. 마지막 가시나무가 우물가에서 말라죽었다. 알파(아프리카 하네가야) 뿌리를 간 것도 더 이상 먹을 수가 없게 되었다. 들새도 모습을 감추었다. 모아두었던 양식도 동이 났다. 앞으로 몇 주만 지나면 그들의 여행도 드디어 끝을 알릴 것이다. 굶주림, 갈증, 그리고 열병이 그 일을 당장이라도 끝낼 것 같았다.

압둘라 하만(이븐 사우드의 아버지)은 절망한 나머지 죽을 것만 같았다. 이 사람들은 의지를 꺾으려고 하지 않았지만 사막은 더욱 강하게 인간을 정복하려고 했다."

인권이라는 말 자체가 까마득히 먼, 손을 뻗어도 닿지 않는 강렬하고 잔혹한 자연이 있습니다. 단순한 빈곤은 사람이 거기서 근근히 살아가는 것만은 인정하지만, 이토록 가혹한 자연에서는 인간이 그 지점으로부터 물러나거나 죽어서 뼛가루가 되기를 요구합니다.

그들이 도망치지 않을 수 없었던 루브 알 칼리 사막(Rub' al khali)*을 두고 베두윈들은 '아라비아의 허무의 세계' 라 부른다고 브누아 메샹은 썼습니다.

"그것은 태고의 지각 변동에 의해 지표로 솟구친 크고 작은 돌덩이가 만들어내는 혼돈이고, 어떤 물줄기도 어떤 풀도 갈라진 땅바닥에서는 보이지 않는 순수한 무기질의 왕국이었다. 드물게 보이는 얼마 되지 않는 물도 마실 수 없을 정도로 다량의 마그네슘을 함유하고 있었다. 이 완전히 불모지인 뜨거운 고원에서 여행자는 끊임없는 갈증과 일사병, 발광 등 죽음의 위험에 놓여 있었다."

그러나 그런 지역이라도 타부족에게 내쫓긴 사람들은 살아갈 땅을 찾지 않을 수 없었습니다!

"그들은 물라족이다. 그들은 이 반도의 모든 부족이 그렇듯이 아주 옛날 예멘에서 쫓겨난 사람들임에 틀림없었다. (중략) 우물 쟁탈전에서 승리하기에는 힘이 너무 약하고 강적에게 밀려 언젠가는 결정적 패배에 의해 '명예를 빼앗기고' 아무에게도 불평을 할 수 없는 이 무의 공간에서ㅡ그곳에서는 눈에 보이는 모든 것이 그들의 퇴화를 촉진했지만ㅡ만족하지 않을 수 없었다.

홀쭉한 키, 아무렇게나 헝클어진 머리칼, 야윈 얼굴, 인간이라기보다

* 아라비아 반도 남부의 3분의 1을 차지하는 세계 최대급 모래사막.

짐승에 가까운 물라족은 억척스러운 인류의 표본이었다. 얼마 되지 않는 대추야자 열매, 쥐, 돌 위에 구운 도마뱀, 모래 속에서 찾아낸 타조 알, 아주 가끔 길 잃은 영양 등 그들이 먹을 것이라고는 겨우 아사를 면할 정도의 것들이었다. 굶주림을 견디지 못하면 그들은 원정을 나가 약 400킬로미터 거리를 단숨에 넘어가서, 이 저주받은 지역의 변두리에 사는 유복한 부족의 가축을 약탈하기 일쑤였다.”

아라비아 사막, 이를테면 리야드 부근 같은 곳에서는 훌륭한 고속도로가 나 있는데, 그 길을 따라 나란히 달리는 고압 송전선을 보면서 나는 전선과 평행하여 달리는 고속도로가 있는 사막은 이미 사막이 아니라는 천박한 정의를 내놓은 적도 있습니다. 그러나 지금도 지도를 보면 루브 알 칼리 사막의 중심부에는 문명과의 인연을 나타내는 도로 표시는 아무 데도 없습니다. 어떤 미개도 30년, 50년 동안에는 반드시 조금이나마 변화와 진보의 징조를 보이게 마련인데, 이 극도의 금욕적·배타적인 사막이 갖는 흉포한 힘은 본질적으로 사그라지지 않는 것처럼 보입니다.

“진짜 베두윈은 한 줌의 대추야자 열매와 한 잔의 물과 세 시간의 수면으로 만족할 줄을 알아야 한다.”는 것입니다. 만족할지 여부는 접어두고라도 그 이상의 것을 받을 수 없다고 해서 사람이 죽는 것도 아닙니다. 그러므로 감내해야만 합니다. 이거냐, 저거냐의 선택에 망설일 여지도 없는 인간의 확신적 행위지요.

이처럼 인간의 존재 자체를 거부하는 공간을 적어도 ‘풍요로운 땅’이라고는 하지 않을 것입니다. 그것은 오히려 두려움을 자아내는, 절대로 살고 싶지 않은 ‘불모의 땅’인 것입니다.

그러나 과연 그럴까 하는 의구심이 요즘 내 마음속에서 이따금 고개를 쳐

들기 시작했습니다. 극도의 불모지는 뫼비우스의 띠처럼 어느새 또 하나의 반대의 극으로 연결되고, 인간에게 강인한 힘을 주는 토양이 되는 게 아닐까 하는 생각이 들기 시작한 것입니다.

아랍 세계에서 가장 완성된 인간의 모습으로 여겨지며 사람들의 마음을 끄는 세 가지는 '무인, 시인, 예언자'라고 합니다. 이런 사람들이 지닌 천부의 재능은 물질적으로 부족한 곳일수록 한껏 진보하지요. 아랍 세계의 위인들이 태어나는 배경은 우리가 이상으로 삼는 '부자, 미디어, 탤런트, 과학자' 등을 낳는 문명 사회와는 너무나 이질적이었습니다.

브누아 메샹은 그것을 다음과 같이 쓰고 있습니다.

"아라비아 이외의 어떤 나라에서도 인간이 자연 환경에 대해 이토록 강한 압력, 가혹한 구속, 억척스러운 도취를 느낄 수 없을 것이다."

그리고 브누아 메샹은 제럴드 드 골리의 훌륭한 글 한 구절을 인용합니다.

"인간은 자신이 한낱 인간에 지나지 않는다는 깨달음에 대한 기쁨과 속세의 번잡함에서 벗어난 기쁨을 사막에서 완전히 맛볼 수 있다. 사막에서는 보는 것 모두가 자신이 인간계에 속해 있다는 것을 자랑스럽게 여기도록 만든다. 그곳에는 경쟁자가 없다. 어떤 짐승도 갑자기 덤벼들지 않고 수목조차 존재하지 않는다. (중략) 온갖 재산이 아무 소용이 없어지고 원하지도 않게 된다. 동포를 탄생시킨 대지에서 그들과 함께 살며, 해·달·별 등 하느님이 창조한 세상 안에서 인간은 오로지 혼자인 것이다. 글과 말로는 이루 다 표현할 수 없는 새벽 하늘의 아름다움, 저녁노을의 눈부신 빛, 반짝이는 별들은 매일매일 천지창조의 승리를 선언한다. 사막에서의 정열이란 언뜻 이성(理性)에 대한 도전으로 여겨지기도 한다. 하지만 인간이 건전한 본능을 갖고 있다면 이 애정에 저항할 수가 없다. 이 사랑에 한번 눈뜨면 사막은 애정을 영구히 그에게 속삭여줄 것이다."

그러나 이것은 다소 미화된 표현입니다. 아마 이것은 사막에서 사는 사람과는 전혀 다른 문명을 맛본 사람의 여유 있는 해석일 것입니다. 그러나 그렇게 단정하는 것도 어딘가 어색합니다. 사막에는 절대적인 간결미, 인간을 어쩔 수 없이 겸허하게도 잔혹하게도 만드는 요소가 있으며 그것은 다른 문명 사회가 도저히 흉내 낼 수 없는 것입니다.

인간의 재능도 그렇거니와 생활하는 방식에서도 다양한 격차가 있을 수밖에 없습니다. 그러나 우리 주변에서 발생하는 차이는 세계적 수준에서 보면 정말 작은 것입니다. 글을 모르는 사람도 없습니다. 끼니 걱정을 하는 사람도 없습니다. 비가 새는 방에서 옷을 적시면서 자는 사람도 거의 없습니다. 급한 환자가 돈이 없다고 해서 고통에 시달리며 방치되는 일도 없습니다. 이렇게 말하면 최근에만 해도 분만이 시작되고 나서 뇌출혈을 일으킨 여성이 받아주는 병원이 없어 결국 사망한 예가 있지 않느냐고 반문할지 모릅니다.

그러나 개발도상국의 위험은 그런 정도가 아닙니다. 마다가스카르의 수도에서 500킬로미터 떨어진 마을에 있는 진료소 근처 언덕 위에는 작은 오두막 한 채가 있습니다. 창문도 없는 오두막이지만 언덕 경사면에서 그림 같은 모습으로 햇살을 받고 있습니다. 그러나 내 친구인 수녀는 거기서 몇 개월 전에도 한 산모가 진통 끝에 아기를 낳지도 못한 채 며칠 간 괴로워하다가 숨을 거둔 슬픈 이야기를 해주었습니다. 그 오두막은 진통이 오래 계속되는 산모가 가족과 함께 있을 수 있는 입원실입니다. 그 마을에서는 제왕절개를 시술할 기능이 전혀 없습니다.

세계의 많은 지역에서는 아이들이 초등학교조차 제대로 마치지 못합니다. 부모는 아이가 학교에 가기보다 일을 해서 가계에 도움이 되기를 바라지요. 부모가 고리대금업자로부터 돈을 빌리고 갚지 못하면 아이들은 겨울 추위를 피해 하수도 안에서 서로 몸을 기대고 겨울을 납니다. 구걸이나 도둑질, 혹은 아동 노동에 해당하는 장사, 농사짓는 곳에 가서 일하고 품삯을 받아 오늘 먹을거리를 벌어오라고 아이들을 내모는 부모도 많습니다.

황야가 어쩔 수 없이 진지한 인간을 만들고 새로운 인간의 발견으로 이어진다는 사실과 윤택한 환경이 때로는 인간을 부패하게 만들고 붕괴시킨다는 아이러니에 나 역시 아직도 제대로 적응하지 못하고 있습니다. 나는 이 격차의 중간 역할을 오랫동안 해왔고 아마 앞으로도 틀림없이 그렇게 할 것입니다. 왜냐하면 이 세상의 빈곤의 광경을 보았고, 그들 또한 소중한 생명이기 때문입니다.

옮긴이 오근영

일본어 전문 번역가.
옮긴 책으로《내가 공부하는 이유》《남편 또는 아내로부터 편안해지는 법》
《하룻밤에 읽는 신약성서》《하룻밤에 읽는 중국사》《생명의 릴레이》《이상한 나라의 토토》
《작은 집을 권하다》《독약의 세계사》《착한 사람은 왜 주위 사람을 불행하게 하는가》
《빨간 기와집》《여섯 번째 사요코》《어머니》등이 있다.

빈곤의 광경

1판 1쇄 발행 2009년 6월 15일
1판 2쇄 발행 2010년 6월 21일
2판 1쇄 발행 2014년 11월 12일

지은이 소노 아야코
옮긴이 오근영

펴낸이 김현정
펴낸곳 도서출판리수

기획·홍보 김현주

등록 제4-389호(2000년 1월 13일)
주소 서울시 성동구 행당동 328-1 한진노변상가 110호
전화 2299-3703
팩스 2282-3152
홈페이지 www.risu.co.kr
이메일 risubook@hanmail.net

ⓒ 2009, 도서출판리수

ISBN 89-90449-07-8 03300

※책값은 뒤표지에 있습니다.
※잘못 제본된 책은 바꾸어 드립니다.

※이 책은《왜 지구촌 곳곳을 돕는가》의 개정판입니다.

※이 도서의 국립중앙도서관 출판시도서목록(CIP)은 서지정보유통지원시스템 홈페이지(http://seoji.nl.go.kr)와
  국가자료공동목록시스템(http://www.nl.go.kr/kolisnet)에서 이용하실 수 있습니다.
  (CIP제어번호: CIP2014031456)

우 편 엽 서

우편요금
수취인후납부담

발송유효기간
2014.9.20-2016.9.19

서울광진우체국
제528호

보내는 사람

이름 :　　　　　　　　　(만　　세)

남 □　여 □　　　미혼 □　기혼 □

직업 :

주소 :

휴대폰 :

e-mail :

□□□ - □□□

도서출판 **도토리창고** 도서출판 **리수**

서울시 성동구 행당2동 346 한진상가 110호
전화 2299-3703 · 팩스 2282-3152 · 홈페이지 risu.co.kr

1 3 3 - 0 7 2